Guide rapide
anti-stress

Du même auteur :

Guide rapide de confiance en soi

Guide rapide d'auto-hypnose

Guide rapide des petites pensées à emporter

Guide rapide
anti-stress

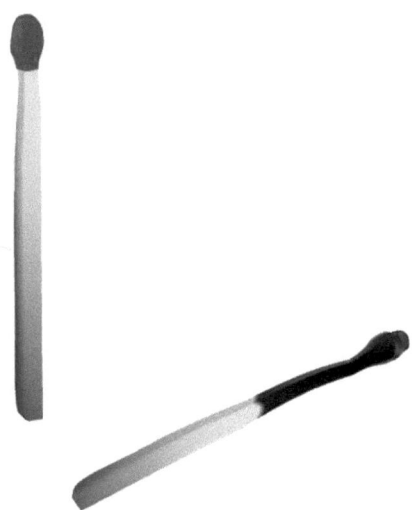

Philippe Korn

© Philippe Korn 2022
Tous droits réservés

Pour vous, loin de mes yeux
mais pas de mon cœur.

Remerciements :

aux l'impitoyables
Elisa Chaillou et
Jean Paul Lê
pour leurs relectures

Sommaire

Bienvenue	page 11
Le stress	page 17
Auto-évalutation	page 25
Méthodes brèves	page 43
La méditation express	page 47
Le butterfly hug	page 49
La flamme de bougie	page 51
La respiration abdominale	page 53
La méthode Coué	page 55
La méthode Jabobson simplifiée	page 75
Les méthodes de fond	page 79
La cohérence cardiaque	page 83
L'EFT	page 97
Le training autogène	page 113
Conclusion	page 127
Annexes	page 131

Bienvenue

Bonjour,

Encore une fois, merci de vous intéresser à mon travail.

Et encore une fois, l'objectif de ces pages est de vous accompagner vers le mieux-être.

Elles s'adressent à tous[1] car si on qualifie le stress de « mal du siècle », il est surtout un mal universel, sans distinction d'âge, de sexe ou de catégorie sociale.

Pas une seule fois un client n'a poussé la porte de mon cabinet sans exprimer un degré relatif de stress. Mille et une raisons en sont à l'origine : le travail, la famille, la gestion du temps, l'image de soi ou parfois même la simple idée de me rencontrer 😅

Si les sources de stress sont innombrables, leurs effets le sont tout autant : physiques, psychologiques, sociaux, économiques et j'en passe, jusqu'au désastre.

Pourtant, des dizaines de méthodes existent pour garder le contrôle.

Au fil de ces pages, je vais vous en expliquer

---

[1] Au fait, toutes les formulations de ce livre sont épicènes.

quelques-unes, qui ont toutes un point commun :

Elles fonctionnent uniquement si on les utilise !

J'en ai choisi qui vous demanderont quelques minutes d'attention quotidienne, d'autres seulement quelques secondes, d'autres un entraînement régulier.
N'hésitez pas à les essayer toutes pour conserver celles que vous préfèrerez en usage « à la carte ».
Cependant, comme pour toute activité, un minimum de rigueur et de persévérance seront nécessaires.

C'est important de vous préciser encore que ce livre n'entend pas se substituer à vos traitements médicaux. Cependant, il constitue un puissant adjuvant à la résolution de nombreuses difficultés que nous affrontons tous durant notre parcours de vie.

Après une première partie un peu théorique, je vais donc vous exposer plusieurs moyens concrets de travailler à recouvrer joie, sérénité, détente et efficacité.
Si, en prime, à la lecture de ces deux pages vous vous dites déjà « je n'aurais pas le temps » ou « ce n'est pas pour moi », c'est que vous avez réellement besoin de cet ouvrage : je l'ai écrit pour vous.

Je vous souhaite une agréable lecture et surtout d'en tirer tous les bénéfices concrets qu'elle pourra vous procurer.

Philippe Korn

Le stress

Initialement, la notion de « stress » était utilisée en sciences physiques pour désigner une contrainte appliquée sur des éléments mécaniques.

C'est seulement depuis la moitié du XXème siècle que ce mot s'applique aussi aux êtres vivants.

Vous trouverez de nombreuses définitions de ce terme.

Voici celles que j'ai choisi :

> D'après le Larousse : nom masculin (anglais stress, effort intense). État réactionnel de l'organisme soumis à une agression brusque.
>
> D'après Wikipédia : le stress est, en biologie, l'ensemble des réactions d'un organisme soumis à des pressions ou contraintes de l'environnement, les stresseurs. Ces réactions dépendent toujours de la perception qu'a l'individu des pressions qu'il ressent. Selon la définition médicale, il s'agit d'une séquence complexe de situations provoquant des réactions physiologiques, psychosomatiques.
>
> Ou encore : agression de l'organisme par un agent physique, psychique, émotionnel

entraînant un déséquilibre qui doit être compensé par un travail d'adaptation.

C'est important d'attirer tout de suite votre attention sur l'aspect souvent subjectif du stress.
Une simple croyance peut ruiner votre santé, votre carrière ou votre couple.
Restez donc toujours vigilants envers vos propres pensées.
Réfléchissez à la vraie nature de ce que vous pensez être une menace et aux véritables conséquences possibles.
J'ai développé ce sujet dans un ouvrage précédent[2] et je ne vais donc pas m'y attarder plus longtemps.

*

On admet généralement qu'il existe du bon et du mauvais stress.

Le bon stress est d'une durée limitée, il permet de mobiliser nos ressources pour éviter un obstacle passager ou arriver à notre objectif efficacement. Organiser ses révisions pour son examen, planifier son mariage, boucler un dossier urgent ou caser dans la même journée quatre rendez-vous importants :

---

[2] Voir le « guide rapide de confiance en soi »

c'est alors clairement nécessaire d'être un peu sous tension.

Le mauvais stress s'éternise. On n'arrive à percevoir ni le « quand » ni le « comment » s'en débarrasser et parfois même pas le « quoi/qui » nous perturbe.
Être harcelé, méprisé, s'épuiser à la tâche, vivre dans le bruit, la précarité ou la violence sont des spirales sans fin où le stress ne fait alors qu'ajouter du désespoir à la souffrance.

*

Les trois définitions précédentes mettent l'accent sur les notions d'agression et de contrainte comme déclencheurs.

En effet, le stress est avant tout un outil de survie.
À la préhistoire, les premiers hominidés étaient menacés par presque tout ce qui se trouvait autour d'eux : prédateurs, clans rivaux, phénomènes météorologiques, manque de nourriture, etc.
Ils ont donc été « programmés » pour fuir ou pour se battre.
Le combat et la fuite restent encore au XXIème siècle les deux options « spontanées » qui s'offrent à nous.
Hélas, il ne nous est plus possible de fuir automatiquement devant nos problèmes modernes

(dettes, surmenage, responsabilités familiales ou professionnelles, etc.), ni de nous battre contre nos voisins, notre banquier ou notre belle-mère.
Ces situations apparemment insolubles vont donc alimenter un stress permanent qui va déclencher tout le cortège de désagréments que nous connaissons bien.

Je me permets pourtant d'aller encore plus loin car, d'expérience, même des changements positifs et désirés ont provoqué beaucoup d'inconforts dans la vie de nombre de mes patients.
Souvent, même déménager dans la maison de nos rêves, trouver le job qui va nous épanouir ou rencontrer l'amour de sa vie va provoquer un stress inattendu, car connecté à d'autres problèmes tels que le syndrome de l'imposteur, les dettes inconscientes, l'auto-sabotage, bref, à toute une série de croyance du genre « c'est trop beau pour être vrai », « ça cache quoi ? » ou « je ne vais pas y arriver ».

La troisième définition proposée fait mention du besoin de retrouver l'équilibre par un travail d'adaptation.
L'idée de base est notre capacité d'adaptation physique et psychologique immanente afin de rester stable dans un environnement changeant[3].
Mais bien entendu, l'idée de ce livre est d'y adjoindre un effort volontaire sous la forme d'une vigilance quotidienne et de pratiques bénéfiques.

*

La résilience est aussi une notion dont je dois vous parler brièvement.

Elle est également, à son origine, appliquée à la mécanique. C'est la capacité des matériaux à résister aux chocs.

En psychologie, elle est la capacité d'un individu à supporter psychiquement les différentes épreuves de la vie. Cette qualité va lui permettre de rebondir, de se reconstruire et de poursuivre une existence équilibrée après une expérience traumatisante ou dans des conditions difficiles.

---

[3] On appelle ça l'homéostasie.

Nous ne disposons pas tous de la même force de résilience, car elle se compose de nombreux éléments, pour n'en citer que l'essentiel :
- l'amour,
- la sensibilité,
- l'originalité,
- la persévérance,
- le pardon,
- la joie,
- l'espoir,
- l'optimisme,
- le courage,
- l'humour,
- la spiritualité,
- la sagesse,
- les compétences,
- l'altruisme,
- la tolérance.

Vous comprenez donc qu'elle est toujours en évolution car chacun de ces paramètres évolue au cours de la vie.
La bonne nouvelle, c'est qu'elle peut alors aussi se « muscler » au fil du temps.

Ces pages vont aussi vous y aider.

Auto-évaluation

Il faut prendre conscience que nous parlons dans ces pages d'un sujet dont les conséquences peuvent être très graves.

Les effets « classiques » du stress sont, parmi d'autres :
- maux de tête,
- douleurs musculaires,
- douleurs articulaires,
- vertiges,
- nausées,
- troubles du sommeil,
- fatigue intense et/ou persistante,
- irritabilité, colère,
- déprime, tristesse,
- problèmes de concentration,
- problèmes de peau,
- troubles digestifs,
- maux de ventre,
- baisse de la libido,
- troubles de l'appétit (en + ou en -),
- sensation d'oppression,
- consommation accrue de tabac, de drogue, d'alcool,
- variation de poids importante (en + ou -),
- etc.

Je veux donc avant tout vous encourager à consulter votre médecin si n'importe lequel de ces symptômes s'installe.

D'une manière générale, toute situation qui provoque de la souffrance, physique ou psychologique, doit être discutée lors d'une consultation.

C'est donc important de savoir où vous situer pour agir de manière pertinente.

Dans ce but, je vous propose ici quelques outils pour vous aider à y voir plus clair.

*

Le premier outil est très simple, il s'agit simplement de l'échelle SUD[4].

Il s'agit d'une échelle graduée de 0 à 10 sur laquelle vous allez vous-même évaluer l'intensité de votre trouble.

Au fur et à mesure de votre pratique des exercices proposés plus loin, ou simplement du fait de changements dans votre quotidien, pensez à réévaluer régulièrement votre situation sur cette échelle.

Le but est d'arriver au plus proche possible de 0.

---

[4] Subjective Units of Disturbance, pour « unités subjectives de détresse »

Un score à 10 représente une situation aliénante qui est heureusement plutôt rare. Si je vous précise ce point, c'est simplement pour vous aider à rester « un peu » objectifs 😊
Prenez quelques minutes pour réfléchir à votre situation.

10 = Se sentir insupportablement mal, hors de soi, hors de contrôle, débordé, tellement bouleversé que vous ne voulez plus parler car personne ne pourrait vous comprendre.

9 = Se sentir désespéré, extrêmement paniqué. Vous avez peur de ce que vous pourriez faire. Être dépassé par ses émotions.

8 = Panique. Le début de l'aliénation.

7 = Commence à paniquer, au bord de certains sentiments vraiment mauvais. Vous gardez le contrôle avec difficulté.

6 = Vous vous sentez mal au point que vous commencez à penser que quelque chose doit être fait pour ce que vous ressentez.

5 = Modérément bouleversé, inconfort. Les sentiments désagréables sont encore gérables avec quelques efforts.

4 = Un peu bouleversé au point que vous ne pouvez pas facilement ignorer une pensée désagréable. Vous pouvez le gérer correctement mais ne vous sentez pas bien.

3 = Légèrement contrarié. Inquiet, dérangé au point que vous le remarquez.

2 = Un peu contrarié, mais pas perceptible à moins que vous ayez pris soin de prêter attention à vos sentiments. Il y a quelque chose qui vous dérange.

1 = Pas de détresse aiguë et se sentir fondamentalement bien. Si vous faites un effort, vous pourriez ressentir quelque chose de désagréable mais pas beaucoup.

0 = Paix, sérénité, soulagement total. Plus d'anxiété d'aucune sorte à propos d'un problème particulier.

*

Voici maintenant deux questionnaires pour vous aider à évaluer votre degré de stress, mais aussi la qualité de votre environnement.

Pour celui-ci, donnez une note de 1 à 6 à chacune des affirmations suivantes, selon le barème ci-dessous :

1. pas du tout
2. faiblement
3. un peu
4. plutôt
5. beaucoup
6. extrêmement

Je suis sensible aux critiques, aux remarques	
Je me mets facilement en colère, mon humeur varie souvent dans la journée	
Je suis souvent insatisfait, perfectionniste, les autres me déçoivent souvent	
J'ai des tics, des tremblements, des palpitations, des sursauts musculaires	
Je me sens crispé, tendu, dans le visage ou dans le corps	
J'ai des problèmes de sommeil	
Je me fais souvent du souci, je suis inquiet sans raison réelle	
J'ai des problèmes de digestion, migraines, allergies, problèmes de peau, douleurs	

Je suis souvent fatigué	
Je consomme plus d'alcool, de médicaments, de drogue, de tabac	
J'ai un ulcère à l'estomac, une maladie de peau, trop de cholestérol, de l'hypertension, un trouble cardio-vasculaire	
TOTAL	

En fonction de votre total, voici les commentaires, à titre indicatif[5] :

Votre score	Evaluation
11 à 21	Rien de bien préoccupant, optez pour une routine saine
22 à 32	Vous êtes contrarié. Soyez attentif à ce qui vous préoccupe et adoptez des habitudes positives
33 à 43	Vous ressentez un net inconfort, réglez les situations désagréables et protégez-vous
44 à 54	Vous êtes clairement inquiet voire bouleversé. Prenez toutes les mesures possibles pour aller mieux

---

[5] Ce n'est pas un diagnostic.

| 55 à 66 | Votre situation est très préoccupante. Consultez rapidement un spécialiste pour vous aider |

*

Ce deuxième questionnaire est proposé par le CHU de Besançon à ses employés.

Cette fois, vous allez noter chaque affirmation de 0 à 4, selon le barème suivant :

0. jamais
1. parfois
2. assez souvent
3. très souvent
4. tout le temps

J'ai des maux de tête, des migraines	
J'ai mal au dos	
Je me sens tendu	
Mon sommeil est perturbé (réveils, insomnies, hypersomnies)	
Je suis souvent enrhumé ou grippé	
J'ai l'impression de ne jamais avoir le temps de faire les choses	
Je me sens fatigué	
Les autres m'énervent	
Il m'arrive d'oublier des rendez-vous	

Je me sens anxieux	
J'ai du mal à prendre des décisions	
Je me sens utilisé par les autres	
Je pense avoir trop de choses à gérer	
Je suis irritable	
Je me sens incompris, pas soutenu	
Je suis mal dans ma peau	
Je n'ai plus goût à rien	
J'ai de l'acné, des problèmes de peau, des boutons	
Ma tension artérielle est trop élevée ou trop faible	
Mon taux de cholestérol est supérieur à la normale	
J'ai des palpitations cardiaques	
J'ai des problèmes digestifs	
Je suis impatient	

Je suis susceptible	
Je suis très exigeant, envers moi-même et les autres	
Je suis assailli par des doutes	
Je pense que les autres ne m'aiment pas	
Je remets au lendemain ce que j'ai à faire	
J'égare mes affaires	
J'ai des difficultés à me concentrer	
Je laisse brûler mes casseroles	
Je suis souvent dans la lune	
Je me sens seul	
Je commets des erreurs	
Je me sens triste	
Je me sens différent des autres	
J'ai des moments de panique	

Ma vie n'a pas de sens	
Je ne crois plus en rien	
Je mange et je grossis	
Je ne mange plus, je maigris	
TOTAL	

Voici les commentaires en fonction de votre score[6] :

Votre score	Evaluation
Inférieur à 20	Apparemment votre vie est agréable et vous savez gérer les imprévus. Bravo.
De 20 à 50	Les tensions sont acceptables. Restez vigilants et proactifs.
De 50 à 70	Votre stress est élevé, soyez prudent et réglez les difficultés au plus vite.
De 70 à 100	Vous êtes dans un état préoccupant, faites le point et agissez au plus vite pour votre santé.

---

[6] Ce n'est pas un diagnostic

Au-delà de 100	Alerte ! Agissez immédiatement, faites-vous aider, provoquez des changements nets dans votre vie.

Pour terminer cette évaluation, voici encore le questionnaire concernant les stresseurs.

Il est en effet aussi essentiel de pouvoir maîtriser son environnement et son temps : avoir un cadre de vie favorable, organisé et un emploi du temps adapté.

Notez cette fois chaque affirmation de 0 à 5, selon l'échelle suivante :

0. pas du tout
1. faiblement
2. un peu
3. assez
4. beaucoup
5. extrêmement

J'ai vécu, durant ma vie, des situations difficiles (décès, divorce, grave maladie d'une personne proche, etc.)	
Je vis actuellement une situation difficile (décès, chômage, divorce, maladie d'un proche, etc.)	
J'ai une surcharge de travail	

Je suis souvent pris dans l'urgence, je n'arrive pas à respecter mes délais et/ou ceux des autres	
Mon cadre change constamment et/ou je ne participe pas aux décisions qui me concernent	
J'ai une maladie sérieuse (grave, ou qui me pose des problèmes)	
Je n'ai pas les moyens pour faire face aux demandes et atteindre les objectifs et/ou je subis des demandes contradictoires	
Il y a une ambiance tendue et conflictuelle à mon travail	
Je ne suis pas satisfait par mon travail, il ne me correspond pas (au pire, il me déprime)	
J'ai des soucis familiaux et/ou ma famille est actuellement plus un poids qu'un réconfort	
J'ai des soucis d'argent et/ou je vis au-dessus de mes moyens	
J'ai beaucoup d'activités extraprofessionnelles (associatives, sportives, politiques, etc.) et elles sont sources de fatigue ou de tensions	
TOTAL	

Voici les commentaires concernant votre cadre de vie, en fonction de votre score[7] :

Votre score	Evaluation
De 0 à 9	Niveau de stresseurs très bas
De 10 à 15	Niveau de stresseurs bas
De 16 à 21	Niveau de stresseurs moyen
De 22 à 30	Niveau de stresseurs élevé
Au-delà de 30	Niveau de stresseurs très élevé

---

[7] Ce n'est toujours pas un diagnostic

De ces deux derniers questionnaires, nous pouvons encore déduire les 4 options suivantes :

	Stress ↗	Stress ↘
Stresseurs ↗	Risque élevé d'épuisement et de problèmes médicaux, prenez vite les choses en mains	Vous savez gérer les situations, même difficiles, mais restez très vigilant
Stresseurs ↘	Votre réaction est excessive, vous devez apprendre à mieux faire face	Situation la plus favorable, mais attention à ne pas devenir passif, démotivé et à vous faire piéger

*

Voilà ! Ces quelques pages vous auront aidé à faire un petit bilan pour vous orienter éventuellement vers des professionnels, ou simplement pour vous inciter à réfléchir aux améliorations que vous allez pouvoir provoquer.
Car en effet, le secret de toute réussite c'est... AGIR !

Méthodes brèves

Nous sommes arrivés à la partie pratique de ce livre.

J'ai qualifié les exercices de ce chapitre de « brefs » car ils prennent peu de temps à être exécutés, cependant, comme tous ceux décrits dans ces prochaines pages, ils nécessitent d'être pratiqués avec rigueur et régularité pour les intégrer et en retirer tous les effets souhaités.

> Je souhaite volontairement ne pas vous donner trop de détails sur les effets à ressentir, les bénéfices recherchés, ni sur les délais d'obtention des résultats : ce sont autant de barrières, d'injonctions, sur lesquelles votre motivation risque de se briser.

Je ne souhaite pas non plus vous noyer dans les détails théoriques, cet ouvrage fait partie de la série des « guides rapides » et non pas des « pavés indigestes ».
Ce qui compte ici, c'est son aspect pratique.

Les méthodes que je vous propose ont pour but de vous détourner de vos soucis, de clarifier et d'apaiser votre esprit et de diminuer de nombreux inconforts.

Alors laissez-vous surprendre au fil des jours à vous dire tout simplement : « j'ai bien dormi la nuit dernière », « j'ai retrouvé un bon appétit », « je me suis promené dimanche sans avoir mal au dos » ou encore « c'était une bonne journée ».

Bien entendu, il existe encore des dizaines d'autres possibilités, telles que la pleine conscience, le yoga, le qi gong, le tai chi chuan, la méthode de relaxation Jacobson, la sophrologie, etc.
Les techniques que je vous propose ici permettent un apprentissage sans nécessairement l'intervention d'un tiers, je les propose et utilise au quotidien à mon cabinet.

Bon.
On y va.

La méditation express

Fermez les yeux...
Fixez votre attention... sur votre respiration...
N'essayez pas de la modifier...
Contentez-vous... de l'observer...
Ressentez l'air qui rentre par le nez...
Et qui glisse dans la gorge...
Remarquez comme vos poumons... se remplissent...
La poitrine ou le ventre qui se gonfle...
Puis se dégonfle...
En douceur...
Pendant que l'air remonte jusqu'à vos narines...
Pour ressortir un peu plus tiède...
Ressentez ce flux...
Et ce reflux...
Ce va-et-vient...
Qui vous accompagne...
Depuis toujours...
Laissez-vous... Bercer...
Par cette vague... Lente...
Douce...
Laissez cette énergie...
Bienfaisante...
Se diffuser dans tout le corps...
Pour vous remplir...
De vie !
Etc.

Cette micro-méditation peut être pratiquée pendant les quelques secondes nécessaires à un voyage en ascenseur, dans une salle d'attente, dans le métro, etc.
Elle vous aide à vous recentrer et à vous isoler un moment.

Vous pouvez réciter mentalement le petit texte lentement et en douceur (à la première personne du singulier si vous le voulez) ou simplement ressentir ce qu'il décrit.
À vous de le faire durer le temps qui vous est alloué.

*

Une variante consiste par commencer et/ou terminer avec trois grandes inspirations.
Remplissez vos poumons en imaginant aspirer de la lumière vive, ou une belle couleur bleue, ou des étincelles dorées, en clair : du beau, du positif. Laissez cette image imprégner tout votre corps pendant quelques secondes, puis expirez à fond en imaginant que tous les « déchets » contenus dans votre corps (sous la forme de « poussières », de « pétrole visqueux » ou d'une couleur moche) sont expulsés avec le souffle.

Le butterfly hug

On peut maladroitement traduire « butterfly hug » par « l'étreinte du papillon » ou le « câlin papillon », mais ça ressemble alors un peu à un truc du Kamasutra.

Vous allez croiser les mains à plat sur votre poitrine, les pouces joints et posés sur le haut de votre sternum.

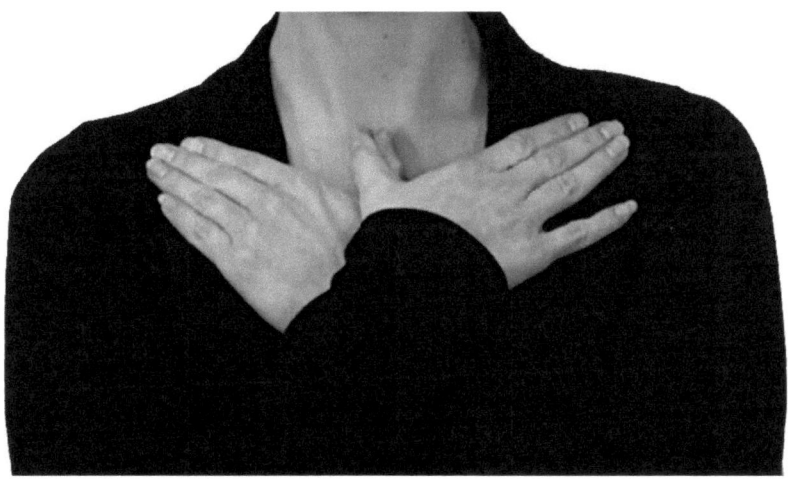

Vous allez tapoter alternativement les « ailes » de ce papillon lentement et en douceur (rythme d'environ 1x par seconde ou selon votre ressenti, mais calmement).

Pour ceci, installez-vous au calme, fermez les yeux et

prenez 1 ou 2 grandes inspirations.

Pendant que vous tapotez, vous pouvez répéter intérieurement des affirmations positives :
- « je suis en sécurité »,
- « je me sens mieux »,
- « je peux le faire »,
- « je m'aime »,
    etc.

Alternez les stimulations droites/gauches pendant le temps dont vous disposez, d'une trentaine de secondes à une ou deux minutes.
Lorsque vous aurez fini, prenez à nouveau deux grandes respirations et ouvrez les yeux.
C'est un excellent exercice pour s'ancrer et s'apaiser.

*

Si cette position des mains n'est pas confortable pour vous, vous pouvez procéder de la même façon en croisant vos bras pour poser vos mains à plat sur vos biceps. Vous tapotez alors alternativement vos biceps.

*

La flamme de bougie

Posez devant vous une bougie allumée, du genre des petites bougies de chauffe-plat.

Asseyez-vous confortablement et fixez cette petite flamme.

Sans rien faire d'autre.

Restez attentif à cette flamme.

Ne pensez à rien.
Observez ses couleurs...
Changent-elles ?
Observez sa taille.
Est-ce qu'elle tremble ?
Vacille ?
Danse ?
Brille-t-elle d'avantage ?
Ou un peu moins ?

Vous pourrez à un moment fermer les yeux si vous le souhaitez.
Mais continuez à imaginer cette flamme.
Comme si vos yeux étaient encore ouverts.
Continuez à la visualiser.
Continuez aussi longtemps que possible.

Recommencez régulièrement : vous réaliserez que vous y arrivez de plus en plus longtemps.

Vous venez de réaliser un excellent exercice de lâcher-prise.
C'est également un très bon départ pour une induction hypnotique[8].

La respiration abdominale

---

[8] Voir le « guide rapide d'auto-hypnose ».

La plupart d'entre nous ne respirent pas avec le diaphragme, mais inspirent avec le thorax de manière courte et irrégulière.
Lorsque le stress s'invite, nous n'inspirons pas assez d'oxygène dans nos poumons ce qui nous stresse encore davantage et nous oppresse.

Respirer « avec le ventre » va permettre de réguler l'acidité sanguine, de baisser la tension artérielle et de stimuler le nerf vague[9] (long nerf qui régule la prise de poids, la digestion, l'inflammation, les phénomènes douloureux, le système immunitaire, le système cardiovasculaire, la respiration, etc.).

Cet exercice est simple, il peut se pratiquer assis ou couché, dès qu'une sensation de stress se manifeste : impression de suffocation, sentiment de panique, boule au ventre, sueur excessive, ...

- Posez une main sur la poitrine et l'autre sur l'abdomen.
- Fermez les yeux.
- Inspirez par le nez, lentement et régulièrement, en gonflant le ventre, sans forcer.

---

[9] Aussi en pratiquant la cohérence cardiaque, voir ce chapitre.

La main sur votre poitrine doit à peine bouger, celle sur le ventre doit se soulever et s'abaisser avec la respiration.
- Expirez lentement et régulièrement par la bouche, en rentrant le ventre le plus possible.
- Continuez jusqu'à ressentir un sentiment de calme et de détente.

*

La méthode Coué

Nous avons évoqué dans les auto-évaluations les éléments stresseurs dans l'environnement.

Il ne faut pas oublier que nous entretenons sans même nous en rendre compte des « éléments stresseurs intérieurs », en nous-même, essentiellement au travers de nos pensées négatives. Par nature, l'humain s'inquiète, se dévalorise, se focalise sur la difficulté et l'échec et donc alimente une fois de plus le cercle vicieux du stress :
- Je suis nul.
- Je ne vais pas y arriver.
- Je vais rater mon examen.
- Il ne m'aime pas.
- Quel temps de chien.
- Quelle journée de mer*e.
- C'est trop dur.
- J'en ai marre.
- Je n'ai pas le temps.
- Etc.

Si nous comprenons facilement qu'une bonne hygiène de vie éloigne le stress (alimentation et sommeil sains, activité physique, entourage bienveillant, confort et sécurité, etc.), c'est donc aussi facilement compréhensible qu'une « hygiène mentale » favorisera la sérénité.

Le but ici n'est pas de se bercer d'illusions, de fantasmer ou de vivre dans le célèbre monde des Bisounours, mais plutôt de surveiller ses pensées et son langage afin d'arrêter de se conditionner négativement.

> « Vos pensées deviennent vos mots, vos mots deviennent vos actions, vos actions deviennent vos habitudes, vos habitudes deviennent vos valeurs, vos valeurs deviennent votre destinée. »
> Gandhi

*

Émile Coué[10] a donné son nom à sa fameuse méthode, parfois tournée en ridicule quand on évoque un individu jugé trop optimiste.
Pourtant, son héritage est toujours présent dans de nombreuses méthodes actuelles, telles que l'hypnose, la sophrologie, toutes les formes de visualisation positives ou de préparations mentales.
Il développe son travail dans son livre intitulé « la maîtrise de soi-même par l'autosuggestion consciente » publié en 1922.

---

[10] Pharmacien et psychologue nancéen 1857-1926

Puisque ce livre est tombé dans le domaine public, je vous en livre directement de larges extraits. Souvenez-vous en les lisant que l'auteur s'exprime dans le style, et avec les connaissances, de 1922.

> 1926 ÉMILE COUÉ
>
> *Ce n'est pas la volonté qui nous fait agir, mais l'imagination.*
>
> # La Maîtrise de Soi-Même
>
> PAR
>
> L'AUTOSUGGESTION CONSCIENTE
>
> (*Autrefois : De la suggestion et de ses applications*)
>
> NOUVELLE ÉDITION
>
> Tous droits réservés
> Copyright by É. Coué, 1926
>
> 143ᵉ MILLE
>
> Chez l'Auteur, rue Jeanne-d'Arc, 186, NANCY
> et à la Librairie Oliven, av. de la Bourdonnais, 65, Paris

La suggestion ou plutôt l'autosuggestion est un sujet tout à fait nouveau, en même temps qu'il est aussi vieux que le monde.

Il est nouveau en ce sens que, jusqu'à présent, il a été mal étudié et, par conséquent, mal connu ; il est ancien parce qu'il date de l'apparition de l'homme sur la terre. En effet, l'autosuggestion est un instrument que nous possédons en naissant et cet instrument, ou mieux cette force, est doué d'une puissance inouïe, incalculable, qui, suivant les circonstances, produit les meilleurs ou les plus mauvais effets. (...)

Lorsqu'on sait la mettre en pratique d'une façon consciente, on évite d'abord de provoquer chez les autres des autosuggestions mauvaises dont les conséquences peuvent être désastreuses, et ensuite l'on en provoque consciemment de bonnes qui ramènent la santé physique chez les malades, la santé morale chez les névrosés, les victimes inconscientes d'autosuggestions antérieures, et aiguillent dans la bonne voie des esprits qui avaient tendance à s'engager dans la mauvaise.

L'être conscient et l'être inconscient

Pour bien comprendre les phénomènes de la suggestion, ou pour parler plus justement, de l'autosuggestion, il est nécessaire de savoir qu'il existe en nous deux individus absolument distincts l'un de l'autre. Tous deux sont intelligents ; mais, tandis que l'un est conscient, l'autre est inconscient. C'est la raison pour laquelle son existence passe généralement inaperçue. Et cependant cette existence est facile à constater, pour peu qu'on se donne la peine d'examiner certains phénomènes et qu'on veuille bien y réfléchir quelques instants. (...) Si nous comparons l'être conscient à l'être inconscient, nous constatons que, tandis que le conscient est doué souvent d'une mémoire très infidèle, l'inconscient, au contraire, est pourvu d'une mémoire merveilleuse, impeccable, qui enregistre, à notre insu, les moindres événements, les moindres faits de notre existence. De plus, il est crédule et accepte, sans raisonner, ce qu'on lui dit. Et, comme c'est lui qui préside au fonctionnement de tous nos organes par l'intermédiaire du cerveau, il se produit ce fait, qui vous semble plutôt paradoxal, que s'il croit que tel ou tel organe fonctionne bien ou mal, que nous ressentons telle ou telle impression, cet organe, en effet, fonctionne bien ou mal, ou bien nous ressentons telle ou telle impression.

Non seulement l'inconscient préside aux fonctions de notre organisme, mais il préside aussi à l'accomplissement de toutes nos actions, quelles qu'elles soient.

C'est lui que nous appelons imagination et qui, contrairement à ce qui est admis, nous fait toujours agir, même et surtout contre notre volonté, lorsqu'il y a antagonisme entre ces deux forces.

Volonté et imagination

Si nous ouvrons un dictionnaire et que nous cherchions le sens du mot volonté, nous trouverons cette définition : « Faculté de se déterminer librement à certains actes ». Nous accepterons cette définition comme vraie, inattaquable. Or, rien n'est plus faux, et cette volonté, que nous revendiquons si fièrement, cède toujours le pas à l'imagination. C'est une règle absolue, qui ne souffre aucune exception. Blasphème ! Paradoxe ! Vous écrierez-vous. Vérité, pure vérité, vous répondrai-je.
Et pour vous en convaincre, ouvrez les yeux, regardez autour de vous, et sachez comprendre ce que vous voyez.
Supposons que nous placions sur le sol une planche de 10 mètres de long sur 0 m.25 de large, il est évident que tout le monde sera capable d'aller d'un bout à l'autre de cette planche sans mettre le pied à côté. Changeons les conditions de l'expérience et supposons cette planche placée à la hauteur des tours d'une cathédrale, quelle est donc la personne qui sera capable de s'avancer, seulement d'un mètre, sur cet étroit chemin ? (...)

Pourquoi donc ne tomberez-vous pas si la planche est à terre et pourquoi tomberez-vous si elle est élevée ? Tout simplement parce que, dans le premier cas, vous vous imaginez qu'il vous est facile d'aller jusqu'au bout de cette planche, tandis que, dans le second, vous vous imaginez que vous ne le pouvez pas. Remarquez que vous avez beau vouloir avancer : si vous vous imaginez que vous ne le pouvez pas, vous êtes dans l'impossibilité absolue de le faire.
Si des couvreurs, des charpentiers, sont capables d'accomplir cette action, c'est qu'ils s'imaginent qu'ils le peuvent. (…)
Considérons une personne atteinte d'insomnie. Si elle ne fait pas d'efforts pour dormir, elle restera tranquille dans son lit. Si, au contraire, elle veut dormir, plus elle fait d'efforts, plus elle est agitée. N'avez-vous pas remarqué que plus vous voulez trouver le nom d'une personne que vous croyez avoir oublié, plus il vous fuit, jusqu'au moment où substituant dans votre esprit l'idée « ça va revenir » à l'idée « j'ai oublié » le nom vous revient tout seul, sans le moindre effort ?
(…) À qui n'est-il pas arrivé d'avoir le fou rire, c'est-à-dire un rire qui éclatait d'autant plus violemment que l'on faisait plus d'efforts pour le retenir ?
Qu'était l'état d'esprit de chacun dans ces différentes circonstances ? Je veux ne pas tomber, mais je ne peux pas m'en empêcher ; je veux dormir, mais je ne

peux pas ; je veux trouver le nom de Madame Chose, mais je ne peux pas ; je veux contenir mon rire, mais je ne peux pas.

Comme on le voit, dans chacun de ces conflits, c'est toujours l'imagination qui l'emporte sur la volonté, sans aucune exception. (...)

Ainsi donc, nous qui sommes si fiers de notre volonté, nous qui croyons faire librement ce que nous faisons, nous ne sommes en réalité que pauvres fantoches dont notre imagination tient tous les fils. Nous ne cessons d'être ces fantoches que lorsque nous avons appris à la conduire.

Suggestion et autosuggestion

D'après ce qui précède, nous pouvons assimiler l'imagination à un torrent qui entraîne fatalement le malheureux qui s'y est laissé tomber, malgré sa volonté de gagner la rive. Ce torrent semble indomptable ; cependant si vous savez vous y prendre, vous le détournerez de son cours.

Si cette comparaison ne vous semble pas suffisante, nous assimilerons l'imagination (la folle du logis, comme on s'est plu à l'appeler) à un cheval sauvage qui n'a ni guides, ni rênes. (...)

Mais avant d'aller plus loin, il est nécessaire de définir soigneusement deux mots que l'on emploie souvent, sans qu'ils soient toujours bien compris. Ce sont les mots suggestion et autosuggestion.

Qu'est-ce donc que la suggestion ? On peut la définir « l'action d'imposer une idée au cerveau d'une personne ». Cette action existe-t-elle réellement ? À proprement parler, non. La suggestion n'existe pas en effet par elle-même ; elle n'existe et ne peut exister qu'à la condition sine qua non de se transformer chez le sujet en autosuggestion. Et ce mot, nous définirons « l'implantation d'une idée en soi-même par soi-même ». Vous pouvez suggérer quelque chose à quelqu'un ; si l'inconscient de ce dernier n'a pas accepté cette suggestion, s'il ne l'a pas digérée, pour ainsi dire, afin de la transformer en autosuggestion, elle ne produit aucun effet. (…)

Emploi de l'autosuggestion

Je reviens à l'endroit où je disais que nous pouvons dompter et conduire notre imagination. Il suffit pour cela, d'abord de savoir que cela est possible (ce que presque tout le monde ignore), et ensuite d'en connaître le moyen. Eh bien ! Ce moyen est fort simple ; c'est celui que, sans le vouloir, sans le savoir, d'une façon absolument inconsciente de notre part, nous employons chaque jour depuis que nous sommes au monde, mais que, malheureusement pour nous, nous employons souvent mal et pour notre plus grand dam. Ce moyen c'est l'autosuggestion.

Tandis que, habituellement, on s'auto suggère (sic) inconsciemment, il suffit de s'auto suggérer consciemment et le procédé consiste en ceci : d'abord, bien peser avec sa raison les choses qui doivent faire l'objet de l'autosuggestion et, selon que celle-ci répond oui ou non, se répéter plusieurs fois, sans penser à autre chose : « Ceci vient ou ceci se passe; ceci sera ou ne sera pas, etc. etc., » et si l'inconscient accepte cette suggestion, s'il s'auto suggère, on voit la ou les choses se réaliser de point en point.

Ainsi entendue, l'autosuggestion n'est autre chose que l'hypnotisme tel que je le comprends et que je définis par ces simples mots : Influence de l'imagination sur l'être moral et l'être physique de l'homme.

Or, cette action est indéniable et, sans revenir aux exemples précédents, j'en citerai quelques autres.

Si vous vous persuadez à vous-même que vous pouvez faire une chose quelconque, pourvu qu'elle soit possible, vous la ferez, si difficile qu'elle puisse être. Si, au contraire, vous vous imaginez ne pas pouvoir faire la chose la plus simple du monde, il vous est impossible de la faire et les taupinières deviennent pour vous des montagnes infranchissables.

Souvent, il suffit de penser qu'une douleur s'en va pour sentir en effet cette douleur disparaître peu à peu, et, inversement, il suffit de penser que l'on souffre pour que l'on sente immédiatement venir la souffrance.

Je connais certaines personnes qui prédisent qu'elles auront la migraine tel jour, dans telles circonstances, et, en effet, au jour dit, dans les circonstances données elles la ressentent. Elles se sont elles-mêmes donné leur mal, de même que d'autres se guérissent par leur autosuggestion consciente.

Je sais que, généralement, on passe pour fou aux yeux du monde, quand on ose émettre des idées qu'il n'est pas habitué à entendre. Eh bien ! Au risque de passer pour fou, je dirai que, si nombre de personnes sont malades moralement et physiquement, c'est qu'elles s'imaginent être malades, soit au moral, soit au physique.

Si certains sont heureux ou malheureux, c'est qu'ils s'imaginent être heureux ou malheureux, car deux personnes, placées exactement dans les mêmes conditions, peuvent se trouver, l'une parfaitement heureuse, l'autre absolument malheureuse. (…)

Mais si notre inconscient est la source de beaucoup de nos maux, il peut aussi amener la guérison de nos affections morales et physiques. Il peut, non seulement réparer le mal qu'il a fait, mais encore

guérir des maladies réelles, si grande est son action sur notre organisme.
Isolez-vous dans une chambre, asseyez-vous dans un fauteuil, fermez les yeux pour éviter toute distraction, et pensez uniquement pendant quelques instants : « Telle chose est en train de disparaître », « telle chose est en train de venir. »
Si vous vous êtes fait réellement de l'autosuggestion, c'est-à-dire si votre inconscient a fait sienne l'idée que vous lui avez offerte, vous êtes tout étonné de voir se produire la chose que vous avez pensée. (Il est à noter que le propre des idées autosuggérées est d'exister en nous à notre insu et que nous ne pouvons savoir qu'elles y existent que par les effets qu'elles produisent.) Mais surtout, et cette recommandation est essentielle, que la volonté n'intervienne pas dans la pratique de l'autosuggestion ; car, si elle n'est pas d'accord avec l'imagination, si l'on pense : « Je veux que telle ou telle chose se produise, » et que l'imagination dise : « Tu le veux, mais cela ne sera pas, » non seulement on n'obtient pas ce que l'on veut, mais encore on obtient exactement le contraire. Cette observation est capitale, et elle explique pourquoi les résultats sont si peu satisfaisants quand, dans le traitement des affections morales, on s'efforce de faire la rééducation de la volonté. C'est à l'éducation de l'imagination qu'il faut s'attacher, et c'est grâce à cette nuance que ma méthode a souvent

réussi là où d'autres, et non des moindres, avaient échoué.
Des nombreuses expériences que je fais journellement depuis vingt ans et que j'ai observées avec un soin minutieux, j'ai pu tirer les conclusions qui suivent et que j'ai résumées sous forme de lois :
1° Quand la volonté et l'imagination sont en lutte, c'est toujours l'imagination qui l'emporte, sans aucune exception ;
2° Dans le conflit entre la volonté et l'imagination, la force de l'imagination est en raison directe du carré de la volonté ;
3° Quand la volonté et l'imagination sont d'accord, l'une ne s'ajoute pas à l'autre, mais l'une se multiplie par l'autre ;
4° L'imagination peut être conduite[11].
(Les expressions « en raison directe du carré de la volonté » et « se multiplie » ne sont pas rigoureusement exactes. C'est simplement une image destinée à faire comprendre ma pensée.)
D'après ce qui vient d'être dit, il semblerait que personne ne dût jamais être malade. Cela est vrai. Toute maladie, presque sans exception, peut céder à l'autosuggestion, si hardie et si invraisemblable que puisse paraître mon affirmation ; je ne dis pas cède toujours, mais peut céder, ce qui est différent.

---

[11] NDLA : avec l'hypnose par exemple

Mais pour amener les gens à pratiquer l'autosuggestion consciente, il faut leur enseigner comment faire, de même qu'on leur apprend à lire ou à écrire, qu'on leur enseigne la musique, etc. L'autosuggestion est, comme je l'ai dit plus haut, un instrument que nous portons en nous en naissant, et avec lequel nous jouons inconsciemment toute notre vie, comme un bébé joue avec son hochet. Mais c'est un instrument dangereux ; il peut vous blesser, vous tuer même, si vous le maniez imprudemment et inconsciemment. Il vous sauve, au contraire, quand vous savez l'employer d'une façon consciente.
Je vais vous expliquer maintenant comment on peut faire pour que presque tout le monde ressente l'action bienfaisante de l'autosuggestion appliquée d'une façon consciente. (...)

Comment il faut procéder pour apprendre à un sujet à s'autosuggestionner

Le principe de la méthode se résume en ces quelques mots :
On ne peut penser qu'à une chose à la fois, c'est-à-dire que deux idées peuvent se juxtaposer, mais non se superposer dans notre esprit.
Toute pensée occupant uniquement notre esprit devient vraie pour nous et a tendance à se transformer en acte. (...)

Comment il faut pratiquer l'autosuggestion consciente

Tous les matins au réveil, et tous les soirs, aussitôt au lit, fermer les yeux et, sans chercher à fixer son attention, sur ce que l'on dit, prononcer avec les lèvres, assez haut pour entendre ses propres paroles et en comptant sur une ficelle munie de vingt nœuds[12], la phrase suivante : « Tous les jours, à tous points de vue, je vais de mieux en mieux. » Les mots « à tous points de vue » s'adressant à tout, il est inutile de se faire des autosuggestions particulières.
Faire cette autosuggestion d'une façon simple, aussi enfantine, aussi machinale que possible, par conséquent sans le moindre effort. En un mot, la formule doit être répétée sur le ton employé pour réciter des litanies.
De cette façon, l'on arrive à la faire pénétrer mécaniquement dans l'inconscient par l'oreille et, quand elle y a pénétré, elle agit. Suivre toute sa vie cette méthode qui est aussi bien préventive que curative.
De plus chaque fois que, dans le courant de la journée ou de la nuit, l'on ressent une souffrance physique ou morale, s'affirmer immédiatement à soi-même qu'on n'y contribuera pas consciemment et

___
[12] En clair : répéter 20 fois

qu'on va la faire disparaître, puis s'isoler autant que possible, fermer les yeux et, se passant la main sur le front, s'il s'agit de quelque chose de moral ou sur la partie douloureuse, s'il s'agit de quelque chose physique, répéter extrêmement vite avec les lèvres, les mots : « Ça passe, ça passe, etc., etc. », aussi longtemps que cela est nécessaire. Avec un peu d'habitude on arrive à faire disparaître la douleur morale ou physique au bout de 20 à 25 secondes. Recommencer chaque fois qu'il en est besoin.
(La pratique de l'autosuggestion ne remplace pas un traitement médical, mais c'est une aide précieuse pour le malade comme pour le médecin.)
Après vous avoir donné des conseils, je dois vous indiquer le moyen de les mettre en pratique.
Il est donc facile de se rendre compte du rôle du suggestionneur. Ce n'est pas un maître qui ordonne, c'est un ami, un guide, qui conduit pas à pas le malade dans la voie de la guérison.
Comme toutes ces suggestions sont données dans l'intérêt du malade, l'inconscient de ce dernier demande qu'à se les assimiler et à les transformer en autosuggestion. Quand celle-ci s'est faite, la guérison s'obtient plus ou moins rapidement. (…)

Emploi de la suggestion pour la guérison des affections morales et des tares originelles ou acquises

(...) Pour vous bien faire comprendre la façon dont la suggestion agit dans le traitement des tares morales, j'emploierai la comparaison suivante : supposons que notre cerveau soit une planche dans laquelle sont enfoncées des pointes représentant nos idées, nos habitudes, nos instincts, qui déterminent nos actions. Si nous constatons qu'il existe chez un individu une mauvaise idée, une mauvaise habitude, un mauvais instinct, en somme, une mauvaise pointe, nous en prenons une autre qui est l'idée bonne, l'habitude bonne, l'instinct bon, nous la plaçons directement sur la tête de la mauvaise pointe et nous donnons dessus un coup de marteau, autrement dit, nous faisons de la suggestion. La nouvelle pointe s'enfoncera d'un millimètre, par exemple, tandis que l'ancienne sortira d'autant. À chaque nouveau coup de marteau, c'est-à-dire à chaque nouvelle suggestion, elle s'enfoncera encore d'un millimètre et l'autre sortira d'un millimètre, de sorte que, au bout d'un certain nombre de coups, l'ancienne pointe sera complètement sortie et remplacée par la nouvelle. Cette substitution opérée, l'individu lui obéit.
(...)

Vous avez compris l'importance de choisir les mots que vous utilisez, comme l'importance d'être positif. Deux astuces d'hypnothérapeute : formulez vos demandes au présent (vous le voulez maintenant) et sans négation (pensez à ce que vous voulez obtenir et pas à ce que vous ne voulez plus).

Le deuxième aspect consiste à vous répéter vos affirmations positives afin d'en déclencher les effets. Tel un refrain, un mantra, une prière ou une devise, ces répétitions peuvent facilement combler un moment d'attente, d'inactivité, le temps passé aux toilettes, sous la douche ou le moment qui précède votre sommeil.

- ➢ Je contrôle parfaitement mes pensées et mes émotions.
- ➢ Je suis de bonne humeur, je vais passer une belle journée.
- ➢ Je m'exprime clairement avec les mots justes.
- ➢ Mes résultats dépassent mes espérances.
- ➢ Ma santé s'améliore chaque jour.
- ➢ Je persévère et je réussi.
- ➢ Je mérite d'aller bien.
- ➢ Mon chemin s'éclaircit et me conduit vers mon objectif.
- ➢ Je suis calme et détendu en toute circonstance.
- ➢ Je m'aime et je me pardonne.
- ➢ Je réussis dans tous les domaines.

- ➢ J'apprends avec facilité.
- ➢ Mon sommeil est profond et réparateur.
- ➢ Les gens me regardent avec bienveillance.
- ➢ Je mérite l'argent que je gagne.
- ➢ La vie est belle.
- ➢ Je vais faire la belle rencontre que j'attends.
- ➢ J'aime ce que je suis.
- ➢ Je suis légitimement fier de mes réussites
- ➢ Etc.

Pensez aussi à conserver vos affirmations positives à portée de regard, elles peuvent ainsi être affichées sur le miroir de votre salle de bain, la porte de votre chambre ou de votre réfrigérateur.

À vos Post-it !

*

Dans son ouvrage, Emile Coué fait allusion à l'hypnose.
Ses bases sont accessibles à chacun au travers de l'auto-hypnose.
C'est un moyen très efficace pour ancrer en profondeur des suggestions de changement dans son inconscient, y compris pour surmonter stress, épreuves et angoisses.

Pour découvrir et pratiquer cette méthode, je vous encourage à lire mon « guide rapide d'auto-hypnose [13] ».

*

---

[13] Disponible sur Amazon

La méthode Jacobson simplifiée

Nos tensions musculaires sont étroitement liées à nos tensions psychologiques.

Et vice versa !

Sur cette base se sont développées plusieurs méthodes de relaxation, telles que le training autogène[14] ou la méthode Jacobson.

Cette dernière a été développée vers 1928 par Edmund Jacobson, psychiatre américain (1888-1983). La relaxation de Jacobson est basée sur l'alternance contraction/relâchement musculaire permettant à moyen terme d'obtenir une réelle détente mentale mais aussi la disparition de nombreux symptômes physiques.

Je vous propose ici une version simplifiée, à utiliser au quotidien.

N'utilisez pas cette méthode si vous souffrez d'une blessure sur une zone à contracter.

L'exercice peut être répété plusieurs fois à la suite, ou dans une même journée.

---

[14] Voir ce chapitre

Vous pouvez pratiquer debout, assis ou couché.
Les yeux fermés ou ouverts.

- Pendant quelques secondes, observez mentalement votre corps.

- Maintenant, inspirez et retenez votre respiration.
- Contractez au maximum tous les muscles du visage, du cou, de la gorge, de la nuque.
- Tenez aussi longtemps que possible.
- Expirez et relâchez tous vos muscles.

- Observez votre ressenti pendant quelques secondes.

- Puis, inspirez et retenez votre souffle.
- Contractez au maximum tous les muscles de vos bras et de vos mains.
- Tenez aussi longtemps que possible.
- Expirez et relâchez tous vos muscles.

- Observez quelques secondes ce que vous ressentez.

- Inspirez et retenez votre souffle.
- Contractez maintenant au maximum tous les

muscles de votre dos, de vos fesses.
- Tenez aussi longtemps que possible.
- Expirez et relâchez tous vos muscles.

- Observez durant quelques secondes ce que vous ressentez.

- Inspirez et retenez votre souffle.
- Contractez au maximum tous les muscles de votre poitrine et de votre ventre.
- Tenez aussi longtemps que possible.
- Expirez et relâchez tous vos muscles.

- Observez quelques secondes ce que vous ressentez.

- Inspirez et retenez votre souffle.
- Contractez au maximum tous les muscles de vos jambes et de vos pieds.
- Tenez aussi longtemps que possible.
- Expirez et relâchez tous vos muscles.

- Enfin, contractez tous les muscles de votre corps en retenant votre souffle, aussi longtemps que possible.
- Expirez en relâchant tous vos muscles

- Observez ce qui se passe dans votre corps.

*

Nous sommes arrivés à la fin de la section consacrée aux méthodes pouvant être rapidement mises en œuvre.

Dans mes autres livres, je vous propose encore d'autres exercices bénéfiques, tels que les ancrages, le cercle d'excellence, le Ho'oponopono, le kasàlà, etc.
Ils ont tous pour effet de diminuer le stress, de vous affirmer, de vous ancrer dans l'instant.

Ils constituent de très bons compléments aux pratiques développées ici.

*

Les méthodes de fond

Dans cette section, il vous sera demandé un peu plus de persévérance afin d'obtenir des résultats plus profonds.
Les méthodes qui suivent demandent une pratique étalée sur plusieurs semaines afin de déployer tous leurs effets.

Même si cela vous semble être un long investissement, j'insiste sur les bénéfices importants que vous pourrez en tirer.

*

La cohérence cardiaque

Au risque de scier la branche sur laquelle je suis assis, je vais tout de même vous l'écrire :
Si vous ne devez faire qu'une seule chose, faites de la cohérence cardiaque.

*

Le point de départ relève d'une évidence : tout ce qui se passe dans notre corps est régulé par notre système nerveux.
Plus particulièrement par le système nerveux autonome.
Autonome, car il fonctionne comme un pilote automatique qui fait battre notre cœur, digérer notre repas ou cligner des yeux sans devoir y penser.

Ce système nerveux autonome est constitué de deux branches : la branche sympathique et la branche parasympathique.
Pour simplifier, il s'agit de l'accélérateur et du frein de notre physiologie.

Chaque fois que vous allez consommer de l'énergie pour une activité physique ou intellectuelle, vous appuyez sur votre accélérateur, à l'inverse, pour retrouver l'équilibre, il faudra solliciter le frein dans une proportion équivalente : on n'arrête pas une voiture de sport avec des freins de vélo !

Il en va de même dans notre corps.
Une forte sollicitation (en clair : un stress élevé) doit être compensée proportionnellement pour que notre système reste à l'équilibre.

Une personne assaillie par le stress peut être considérée comme une voiture folle, dont l'accélérateur reste coincé, en plus d'être incapable de freiner correctement.

Il est alors facile d'imaginer le risque encouru. On peut s'en tirer plus ou moins bien durant un moment, faire illusion, mais tôt ou tard…

Le moyen simple de retrouver, et de conserver, un équilibre entre notre capacité d'accélération et de freinage est un exercice de respiration bien précis que voici.

Il repose sur un réflexe découvert seulement dans les années 1990 !

Ce reflexe se déclenche lorsque l'on respire au rythme de 6 respirations par minute.

Il se passe alors la chose suivante :
- ➢ À l'inspiration, le cœur accélère (un peu).
- ➢ À l'expiration, le cœur ralenti (un peu).

En clair, à 6 respirations par minute, le cœur et les poumons se mettent en rythme !

Vous allez me dire : « ok, c'est bien beau, mais ça sert à quoi ? »

Souvenez-vous : d'habitude c'est le système nerveux autonome qui donne ses ordres au cœur, qui lui impose un rythme en fonction des besoins du moment (si vous montez un escalier par exemple).

Par contre, lorsque vous allez respirer à 6 respirations par minute, c'est vous qui prenez le contrôle de votre cœur, au moyen de votre respiration.
C'est vous qui alternez avec régularité des accélérations/freinages proportionnels et ainsi vous envoyez l'information dans l'autre sens : du cœur vers le système nerveux.
On peut alors considérer que vous « rééduquez » votre système nerveux autonome.
Mieux encore : après cette période de
« rééducation », vous pourrez continuer cet exercice pour entraîner le système nerveux, comme on entraîne un muscle.

Ainsi, après quelques semaines, il saura encaisser de fortes accélérations (un stress élevé) mais pourra aussi freiner efficacement (récupération proportionnelle) pour conserver l'équilibre voulu.

*

La liste des améliorations possibles est sans fin, et je vous avais dit que je n'allais pas vous encombrer de détails, mais je souhaite vraiment vous motiver, car… il va falloir effectuer 3 séances de 5 minutes, chaque jour.

Mais cet investissement va vous permettre de travailler sur :
- le stress,
- l'anxiété,
- les inflammations pathologiques,
- la récupération à l'effort,
- le sommeil,
- l'hypertension,
- la mémoire et la concentration,
- les troubles de l'attention et l'hyperactivité,
- le recentrage émotionnel,
- les relations interpersonnelles,
- etc.

Je n'en rajoute pas. Ce n'est pas une baguette magique, mais simplement une remise en l'état de notre physiologie dans son meilleur état possible.

Respirer à 6 respirations/min n'est pas habituel.
Au repos nous sommes déjà à plus du double de cette valeur.
Alors pour bien pratiquer, vous allez vous aider d'applications gratuites disponibles pour les smartphones.
Il en existe une bonne dizaine, je vais vous en recommander deux que j'apprécie.

La première est déjà célèbre, il s'agit de l'application développée par les Thermes d'Allevard : Respirelax +

Son principe est simple : sur l'écran, une bulle va monter pendant 5 secondes et descendre pendant 5 secondes (soit une respiration complète en 10 secondes, ce qui correspond à 6 respirations/min). Vous allez simplement inspirer pendant qu'elle monte et expirer pendant qu'elle descend.
Sans forcer, sans bloquer la respiration, en suivant son rythme avec régularité. La séance est programmée par défaut sur 5 minutes.

C'est tout !

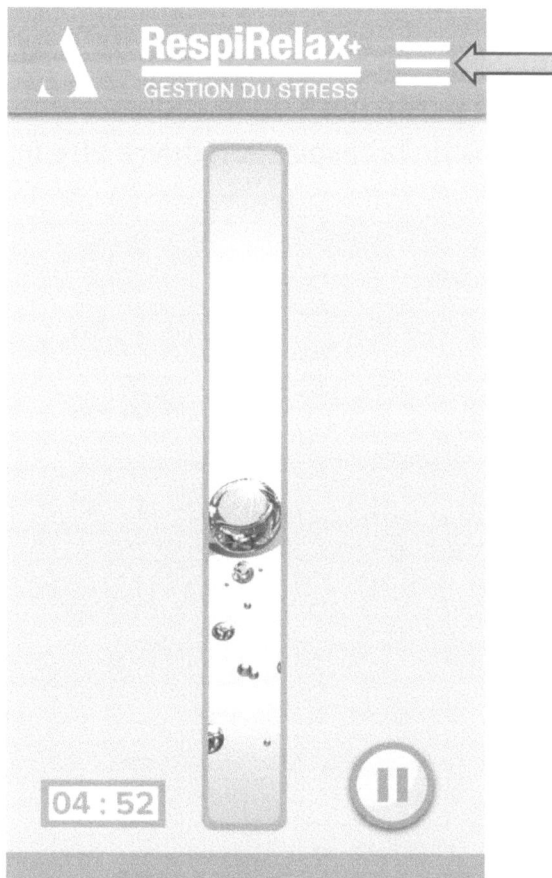

Ces paramètres sont affichés dans le menu (en haut dans le coin à droite), vous pouvez donc éventuellement :
- ➢ Augmenter d'une ou deux minutes la durée de la séance (pas plus, c'est inutile).
- ➢ Enlever la musique (qui m'exaspère).

Le son de l'interface peut être utile si vous souhaitez par exemple respirer les yeux fermés, c'est très agréable. Une petite note de musique retentira alors lorsque le sens de la respiration devra être inversé.

Je ne vous conseille pas d'aller bricoler les autres paramètres.

Pour bien réaliser votre séance, pratiquez debout ou assis (pas couché), le dos droit, au calme, les deux pieds au sol.
Ne faites rien d'autre pendant l'exercice, sinon vous aurez besoin de consommer plus d'oxygène et vous ne pourrez donc pas rester à 6 respirations/min.

Comprenez bien qu'il s'agit là de déclencher le réflexe désiré en respirant 6 fois par minute, et pas seulement de ralentir sa respiration pour se calmer un peu, comme on le fait parfois spontanément.

Votre routine sera faite de 3 séances :
- ➢ Une le matin, pour maîtriser le 1er pic physiologique de cortisol[15] de la journée.
- ➢ Une l'après-midi pour maîtriser le 2ème pic physiologique de cortisol.
- ➢ Une le soir si votre sommeil est de mauvaise qualité, sinon, faites-la avant le repas de midi.

Effectuez vos exercices dans les moments les plus confortables pour vous, ils ne doivent pas devenir des corvées. Si vous loupez une séance, ce n'est pas une catastrophe, vous pourrez alors peut-être augmenter la suivante d'une ou deux minutes si c'est possible.

---
[15] Le cortisol est la principale hormone de stress

Souvenez-vous que vous travaillez ici sur la durée pour vous offrir confort et sérénité.

L'horaire de vos séances n'a pas besoin d'être fixe : en effet, 5 minutes de cohérence cardiaque feront de l'effet pendant environ 5 heures.
Ce n'est donc pas obligatoire de pratiquer dans les 5 minutes avant d'aller vous coucher, vous pouvez parfaitement profiter de la page de publicité au milieu de votre émission télévisée préférée.

*

La deuxième application que je vous propose s'appelle « cohérence cardiaque gratuite ».

Son principe reste identique à celui de Respirelax, mais c'est une goutte qui monte et qui descend à la place d'une bulle.
Le menu (aussi en haut à droite) permet de vérifier les réglages si nécessaire.

Cette application offre juste une option qui me semble intéressante : on peut faire vibrer le téléphone au moment de changer le sens de sa respiration, ce qui permet une pratique très discrète.

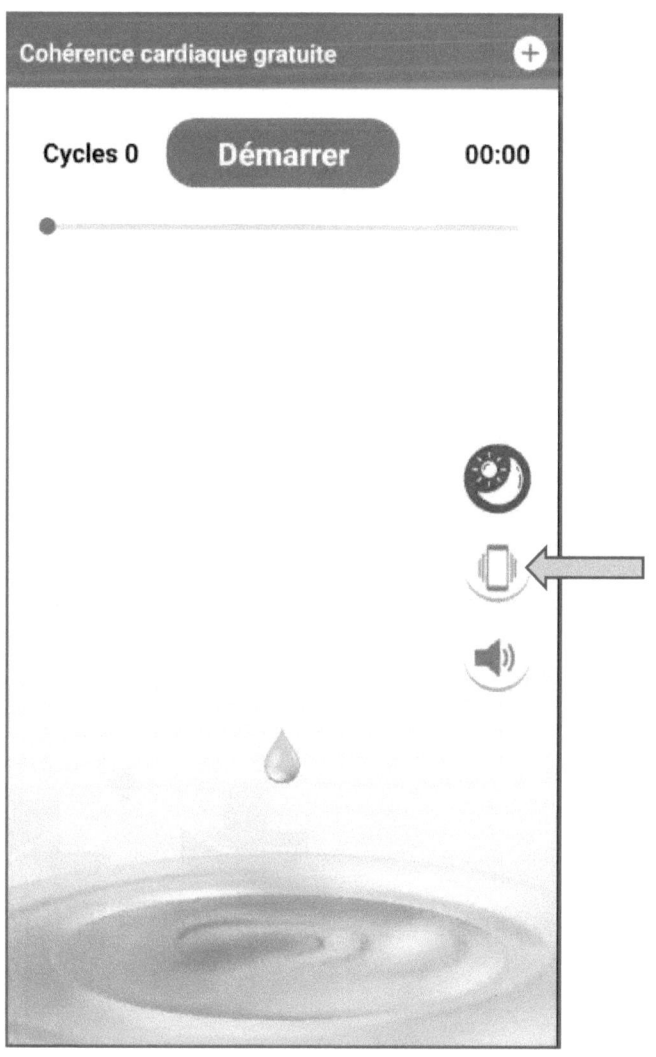

Vous travaillerez de la même manière quelle que soit l'application choisie.

La cohérence cardiaque en routine va donc rééquilibrer votre système nerveux autonome, puis, après quelques semaines, le renforcer. Vous pouvez donc pratiquer cette méthode tout au long de votre vie, elle restera toujours une alliée précieuse.
Il n'existe pas de contre-indication connue.

*

Bonus.

Je viens de vous décrire votre programme en routine, soit 3 séances de 5 minutes au rythme de 6 respirations par minute.

Après quelques semaines, comme je vous l'ai expliqué, vous serez bien « entrainé » et les effets recherchés se déclencheront de plus en plus vite et avec de plus en plus d'intensité.

Ce sera alors particulièrement efficace pour gérer une « urgence émotionnelle ».

Tout le monde se fait parfois surprendre par une peur, une colère ou une information catastrophique qui va nous bouleverser souvent durant des heures.

Pensez alors à vous isoler et à vous caler sur 6 respiration/minute.

Même sans votre application, vous êtes capable, après quelques semaines, de retrouver spontanément ce rythme.
Même si vous ne disposez pas de 5 minutes : votre entrainement vous permettra de déclencher les effets souhaités très rapidement.
En seulement une ou deux minutes, vous réussirez déjà à reprendre plus rapidement le contrôle de vos émotions.

Ceci est également valable avant d'affronter un moment stressant prévisible : dentiste, entretien d'embauche, examen, tribunal, etc.
Dans la salle d'attente, le couloir, sur le parking, profitez du temps dont vous disposez pour vous recentrer, vous apaiser.

*

Dans le cadre d'un protocole de sevrage tabagique j'ai réalisé une vidéo qui vous explique l'utilisation de la cohérence cardiaque.
Elle vous aidera peut-être dans votre apprentissage.

Vous pouvez la regarder en recopiant ce lien :

https://youtu.be/LNxE6toRAEg

J'ai aussi mis en ligne deux guides respiratoires que vous pouvez utiliser pour varier un peu vos exercices.

https://youtu.be/G_VMzM7qqiY

https://youtu.be/1J5DlPNCdes

*

L'EFT

EFT sont les initiales de *Emotional Freedom Techniques*: techniques de libération émotionnelle en français.

Il s'agit d'une méthode psycho-corporelle née dans les années 1990. Elle consiste à conjointement stimuler des points d'acupression, utiliser un exercice d'EMDR (*Eye Movement Desensitization and Reprocessing*) et de Ho'oponopono sur lesquels s'ajoutent des éléments de programmation neuro-linguistique (PNL) et de thérapie comportementale cognitive (TCC).

Elle a pour but d'harmoniser les émotions et peut aussi soulager un grand nombre de symptômes d'ordre physique et moral.

L'EFT considère les deux principes suivants :
- ➢ La plupart de nos problèmes émotionnels et physiques sont causés (en tout ou en partie) par nos événements spécifiques non résolus.
- ➢ Les chocs émotionnels perturbent le système énergétique du corps, qui cause alors détresse, maladie et douleur.

Il existe de nombreux protocoles d'EFT, je vais vous en expliquer deux qui vont utiliser le même exercice de départ : la ronde d'EFT simplifiée.

Elle consiste à tapoter à la suite 10 points d'acupuncture en évoquant le problème qui nous accable.

Ces 10 points ont été choisis pour être facilement accessibles et aussi pour leurs effets spécifiques : confiance en soi, prise de décision, apaisement de la colère, pardon, détachement, etc.

Pour commencer, vous allez apprendre à les localiser. Vous utiliserez un point situé sur la main, 6 points situés sur la tête et 3 points situés sur le thorax.

Regardons-les en détails.

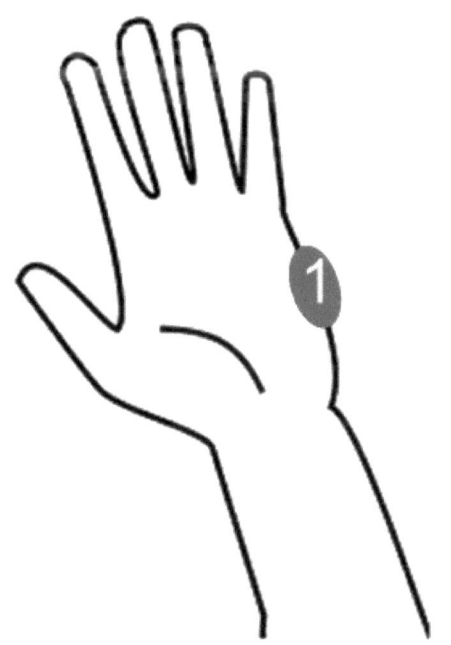

Le premier point se situe au milieu du tranchant de la main, on commence toujours par lui.

Les points suivants se situent sur la tête.
Ils sont numérotés simplement pour ne pas en oublier pendant la ronde.

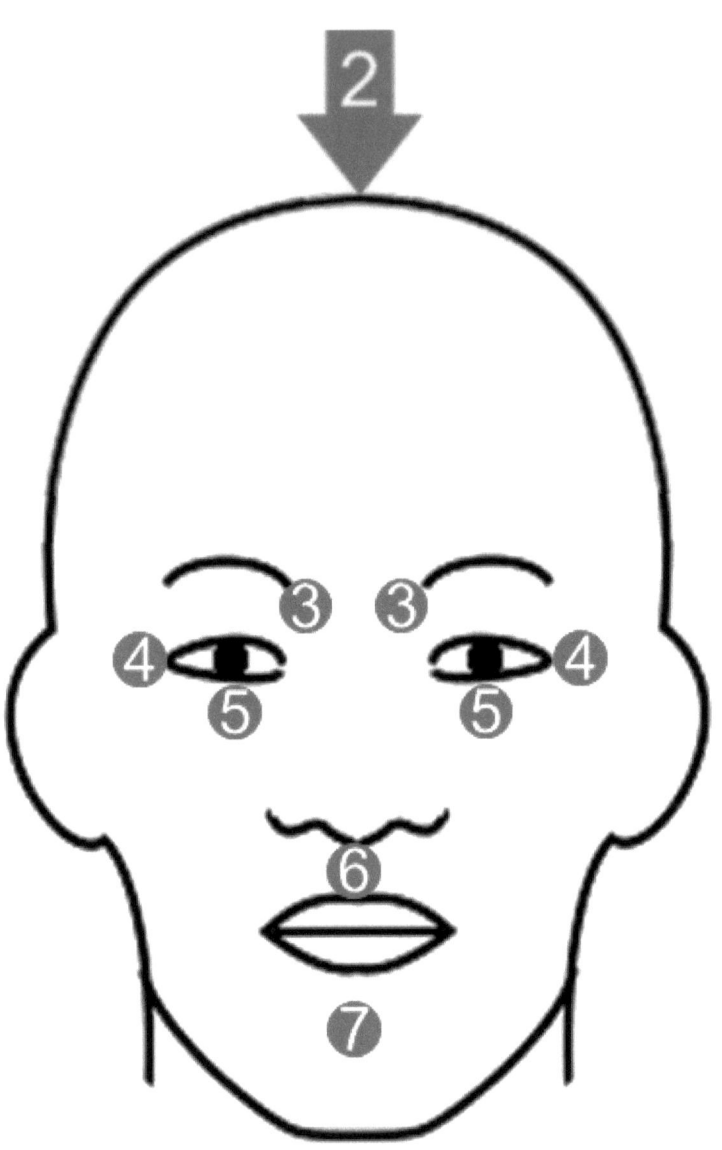

2. Le sommet du crâne (imaginez que de là part un fil invisible qui vous fait vous tenir bien droit). Ce point est un peu sensible quand on le touche.
3. Les extrémités intérieures des sourcils.
4. Les extrémités extérieures des yeux, sur le début arrondi de l'os.
5. Sous les centres des yeux, sur le début arrondi de l'os.
6. Entre la base du nez et la lèvre supérieure.
7. Entre le menton et la lèvre inférieure (creux du menton).

Lorsque vous débuterez, n'hésitez pas à vous placer devant un miroir et prenez le temps de bien localiser les points. On a vite tendance à glisser un peu ou à carrément dévier de plusieurs centimètres.

*

Vous pouvez aussi vous aider d'une vidéo que j'ai réalisé dans le cadre d'un protocole d'arrêt du tabac. Recopiez ce lien pour y accéder :

https://youtu.be/IjngVjXcZ1Q

Les trois derniers points sont les suivants :

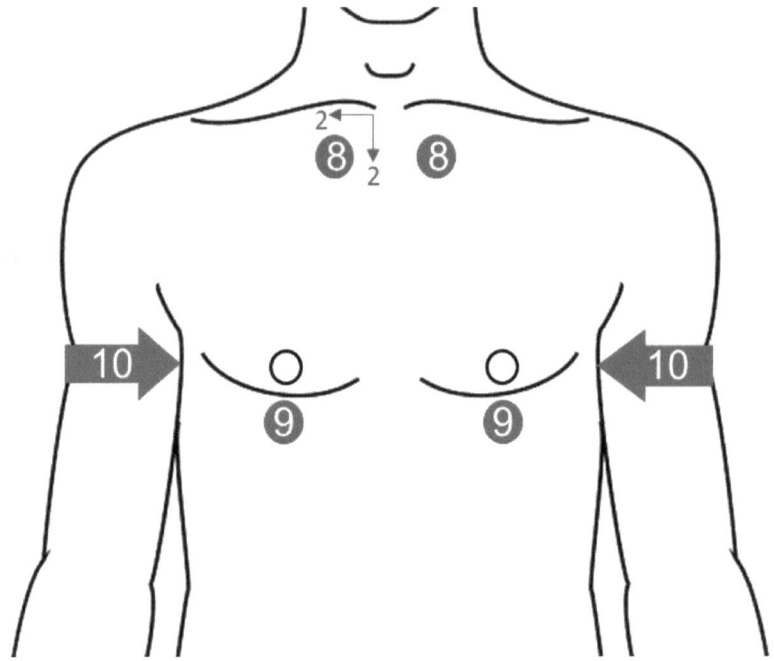

8. Vers le haut du sternum, sous les extrémités arrondies des clavicules, à environ la largeur de 2 doigts sous ces extrémités et la largeur de 2 doigts vers l'extérieur.
   Lorsqu'on y est, on a l'impression d'être légèrement dans un creux.
9. Dans l'axe des mamelons, sous la masse du sein, entre 2 côtes.
10. Sous les bras, à hauteur des mamelons, entre 2 côtes (souvent sur la bretelle du soutien-gorge chez les dames).

Les voici tous réunis sur une seule planche :

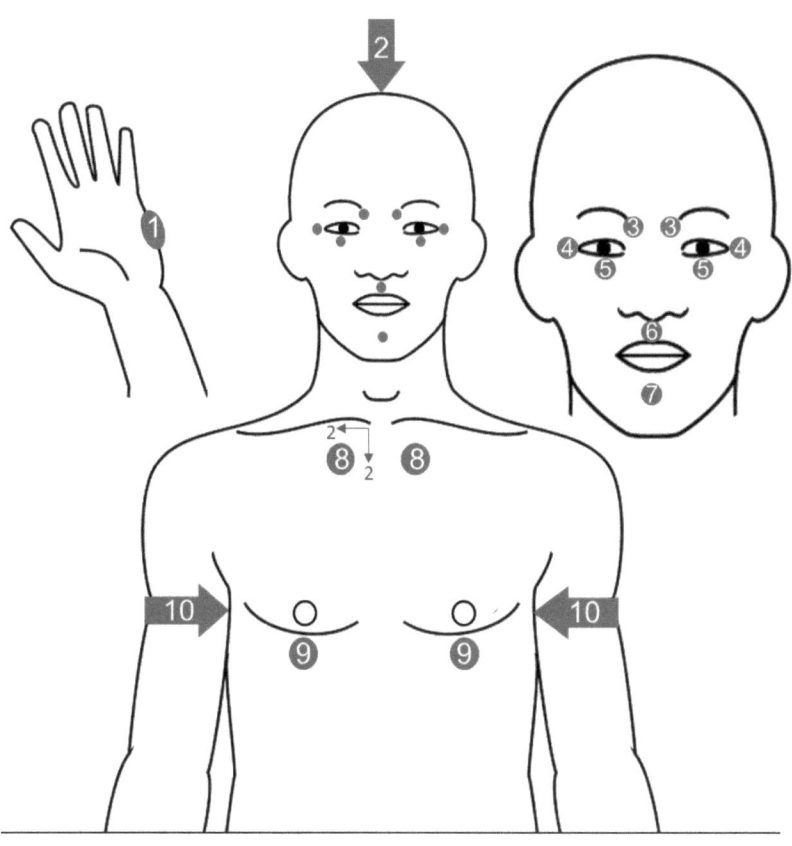

On tapote ces points avec 1, 2 ou 3 doigts.

On tapote franchement mais sans trop forcer et sans compter, on le fait à un rythme d'environ 2 ou 3 par secondes mais ce n'est pas très important.

Les points symétriques peuvent se tapoter simultanément ou l'un après l'autre, ou d'un seul côté si vous ne pouvez pas accéder à l'autre côté pour une raison physique.

*

Vous allez maintenant choisir le problème que vous voulez traiter. Ce qui vous stresse.

Par exemple :
- ➢ Mon mari me délaisse.
- ➢ Mon collègue est désagréable au travail.
- ➢ La musique des voisins me fatigue.
- ➢ J'ai mal au genou droit.
- ➢ Je fume trop.
- ➢ Mon chef m'en demande trop.
- ➢ J'ai peur de prendre l'avion.
- ➢ Etc.

Il peut s'agir de quelque chose de physique ou de psychologique, de présent, de futur ou du passé.

Si vous pouvez être plus précis, ajoutez les détails possibles : ça me cisaille à l'intérieur du genou droit, mon chef me donne trop de dossiers et pas assez de temps, mon collègue Jean-Claude me dégoute, etc.

Vous allez donc construire une phrase spécifique pour chaque problème dont vous souhaitez vous débarrasser.
Cette phrase est toujours construite sur le modèle suivant :

> « Même si (j'ai tel problème), je m'aime et je m'accepte totalement, parce que je suis une bonne personne ».

Vous allez commencer par tapoter le premier point (tranchant de la main) avec 1 ou 2 doigts en répétant 2 ou 3 fois <u>cette phrase entière</u> (ne comptez pas vos tapotements, tapotez en parlant).

Vous allez ensuite tapoter les 9 points de la tête et du thorax dans l'ordre indiqué, au même rythme, <u>en répétant uniquement le problème</u>, 2 ou 3 fois (ex : mon collègue Jean-Claude me dégoute).

Recommencez encore 2 fois la série de points tête + thorax dans le même ordre.

Lorsque vous avez fini, prenez le temps de souffler. Repensez à votre problème : si vous ressentez toujours du stress à son évocation, vous pouvez recommencer la ronde complète.

Si ce problème s'est un peu atténué, vous pouvez modifier un peu la phrase :
- ➢ Même si j'ai encore un peu mal au genou droit …
- ➢ Même si j'ai des restes d'angoisse en pensant à …

Vous pouvez aussi adapter la phrase à votre vocabulaire, utilisez vos mots à vous :
« Même si Jean-Claude est un sale c*n, je m'aime et je m'accepte totalement parce que je suis un chic type. »

Je constate souvent que mes clients peinent à dire « je m'aime et je m'accepte totalement, parce que je suis une bonne personne ». Je ne vais pas démarrer sur ce sujet, mais vous pouvez alors simplement, pour vous habituer, commencer par dire, par exemple, « je mérite d'aller mieux ».
N'hésitez pas à faire la paix avec vous-même.

Travaillez ainsi sur tous les sujets qui vous tourmentent.

La ronde d'EFT simplifiée peut donc être utilisée de manière ponctuelle pour soulager un problème précis.

*

Le deuxième protocole que je vous propose est un exercice plus long qui va vous permettre d'agir sur tout ce que vous trouvez perturbant dans votre histoire : une humiliation durant votre scolarité, une rupture amoureuse, un licenciement, un accident de vélo, la trahison d'un proche, bref, tout ce que nous allons appeler les évènements spécifiques non résolus.

Cette procédure s'appelle de manière un peu « pompeuse » la Procédure de Paix Personnelle.

Ce processus suggère la rédaction d'une liste de tous les évènements précis dérangeants de votre vie, et de faire des séquences EFT, systématiquement, afin de dissoudre les effets indésirables que ces événements ont toujours dans le présent.

Pour commencer, vous allez rédiger cette liste de tous les événements spécifiques perturbants qui vous reviennent en mémoire, même s'ils vous semblent très anciens.

Si vous n'en trouvez pas au moins une cinquantaine, c'est que vous n'y mettez pas toute votre sincérité. La plupart des gens peuvent en trouver des centaines!

Ces évènements constituent les composants de vos difficultés, de la même manière qu'un arbre comporte des racines, un tronc et des branches. Certains ressemblent à des causes et d'autres à des effets, mais tous sont reliés et sont parfois même interchangeables.
En rédigeant votre liste, vous repenserez peut-être à des événements qui ne vous semblent pas très importants sur le moment.
Mais ajoutez-les quand même à votre liste.
Le simple fait qu'ils vous reviennent en mémoire laisse supposer qu'ils ont besoin d'être résolus.

Résumez chacun de ces évènements en lui donnant un titre court et précis, comme un titre de film, par exemple :
- ➢ Papa m'a giflé dans la cuisine.
- ➢ À l'école, j'ai volé les bonbons de Catherine.
- ➢ Je suis trop colérique.
- ➢ J'ai failli causer un accident de voiture en rentrant.
- ➢ Mon prof de philo s'est moqué de moi quand j'ai fait cet exposé.

- Maman m'a enfermé dans le placard.
- Je pleure souvent.
- J'ai une douleur au genou gauche.
- Mon chef de service m'exaspère.
- Mme Pilaud m'a dit que j'étais une idiote.
- J'évite de rencontrer les autres mamans.
- etc.

Vous allez maintenant évaluer l'intensité de chacun de ces évènements en utilisant l'échelle SUD de la page 30.
Pour chaque titre, notez en face son intensité entre 0 et 10, 10 étant un souvenir très traumatisant, 0 étant l'absence totale de stress.
Cette intensité correspond à votre ressenti subjectif de départ.

Lorsque vous aurez terminé votre liste, appliquez la ronde d'EFT comme vous l'avez apprise précédemment, sur chaque évènement, en commençant par les plus désagréables (intensités les plus élevées).
Répétez la ronde plusieurs fois et réévaluez son intensité entre 0 et 10 jusqu'à ce qu'il vous semble anodin, que vous puissiez en rire, ou « ne plus y penser ».

Notez bien tous les aspects supplémentaires qui peuvent remonter et traitez-les tous comme les autres points.

Par exemple durant la séquence concernant « j'ai volé les bonbons de Catherine », vous allez vous souvenir en plus que vous étiez à l'époque très jalouse de Catherine, donc ajoutez à votre liste « même si j'étais jalouse de Catherine, je m'aime … ».

Travaillez ainsi 2 ou 3 événements spécifiques tous les jours.
La procédure peut donc durer plusieurs mois, mais ceci n'exige que quelques minutes par jour.
Si un évènement ne diminue pas d'intensité après plusieurs séquences d'EFT, répétez des rondes le lendemain.
Il n'est pas forcément indispensable d'arriver à 0 pour toutes les situations traitées, parfois une intensité résiduelle de 1 ou 2 permet de vivre avec le souvenir d'un évènement sans plus en ressentir de réel mal-être.
Vous pourrez malgré tout y revenir plus tard si vous le désirez, et le décomposer en plusieurs détails à traiter séparément.

Conservez vos listes, elles vous aideront à vous souvenir de vos progrès dans les jours et les semaines qui suivront.

Notez aussi que les améliorations n'apparaitront pas forcément dans l'ordre souhaité : peut-être allez-vous retrouver un meilleur sommeil avant d'avoir vaincu votre phobie de la voiture.

En constatant votre évolution, vous pourrez ainsi ajouter à la sensation de bien-être qui s'installera une légitime fierté d'avoir surmonté vos problèmes !

*

Pour mieux vous guider dans la Procédure de Paix Personnelle, je vous propose, en annexe, une étude de cas complète.

*

Le training autogène

Quand l'angoisse, la peur, l'irritation ou la colère augmentent, le tonus musculaire augmente. L'augmentation du tonus musculaire entraîne une intensification de la tension psychique et des émotions.
Ce processus alimente donc un cercle vicieux. Lorsque cet état est fréquent ou chronique, il peut devenir une cause ou un facteur d'aggravation de troubles somatiques, tels que la fatigue chronique, des douleurs musculaires, des céphalées de tension, des troubles oculaires, manque d'air, oppression thoracique induisant la lassitude, l'irritabilité, l'hypertension artérielle, des troubles cardio-vasculaires et gastro-intestinaux.

Psychiatre allemand (1884 - 1970), Johannes Heinrich Schultz met au point sa technique à partir de 1912.
Il s'agit d'une approche médicale reposant sur l'autohypnose, conduisant à un état mental d'hyper vigilance et de relaxation.
La plupart des autres méthodes de relaxation modernes sont dérivées du training autogène de Schultz.

Il va s'agir de répéter des séances de relaxation afin de les intégrer comme un réflexe. La pratique

régulière permettra à terme de déclencher un état de détente en se répétant simplement une petite formule de quelques phrases, dans le même esprit qu'un mantra.
Vous allez donc pratiquer cet apprentissage au moyen de séances dont la durée se réduira au fil des semaines.

Quel que soit le stade de votre progression, et donc de la durée de vos séances, celles-ci doivent toujours contenir les séquences suivantes afin d'obtenir l'effet relaxant désiré :

1) Détente
   « Je suis calme et tranquille »

2) Lourdeur
   « Mes membres sont lourds, tout mon corps est lourd »

3) Chaleur
   « Mes membres sont chauds, tout mon corps est chaud »

4) Cœur
   « Les battements de mon cœur sont calmes et réguliers »

5) Respiration
   « Ma respiration est
   lente et profonde »

6) Plexus
   « Un petit soleil est posé
   sur mon plexus, sa chaleur
   rayonne dans tout mon corps »

7) Fraîcheur
   « Mon front est frais,
   une brise légère caresse
   mon front »

8) Reprise
   « Je prends 2 grandes respirations,
   je m'étire en douceur et
   j'ouvre les yeux »

Après quelques mois de pratique régulière (idéalement 3x par semaine), ces sensations seront acquises et l'effet de relaxation pourra se déclencher en répétant une séquence aussi courte que, par exemple :

« Mes bras et mes jambes sont lourds et chauds.

Mon cœur et ma respiration sont calmes et réguliers.
Mon ventre est souple et chaud,
mon front est frais.
Je suis tout à fait calme. »

*

Pour vous aider dans cette démarche, vous trouverez sur mon site internet deux séances complètes au format mp3.
Vous pouvez les écouter pour profiter directement d'une agréable séance de relaxation : laissez-vous alors simplement guider par ma voix.

Vous pouvez aussi vous en inspirer dans votre travail de développement personnel et imaginer vos propres séances. Elles vous serviront d'exemple dans le choix du vocabulaire, du rythme de la voix, etc.

Le lien pour y accéder est :

philippekorn.fr/training-autogène-mp3

*

Un mot de passe est nécessaire pour accéder à ces deux séances :

                    a1b2c3

                    *

Pour profiter encore mieux des séances et bénéficier de tous les avantages du training autogène, il est nécessaire de s'entrainer à ressentir les sensations recherchées, à s'en imprégner.

Je vous propose donc un programme qui va s'étaler sur six semaines.
Vous répéterez chacune des séquences suivantes, séparément, pendant une semaine environ.

Commencez toujours par une phase de détente d'environ 2 minutes, les yeux fermés, bien installé, au calme.
Prenez une série de profondes respirations abdominales.
Essayez d'expirer deux fois plus longuement que vous avez inspiré.

Commencez alors à vous répéter intérieurement :

➢ Première semaine : lourdeur

1ᵉʳ Jour	« Mon bras droit devient mou et lourd » « Mon bras droit devient de + en + lourd » « Mon bras droit est tout à fait lourd » « Je suis tout à fait calme »	Répéter chaque phrase 6x avant de passer à la suivante
2ᵉᵐᵉ jour	« Mon bras gauche devient mou et lourd » « Mon bras gauche devient de + en + lourd » « Mon bras gauche est tout à fait lourd » « Je suis tout à fait calme »	Répéter chaque phrase 6x avant de passer à la suivante
3ᵉᵐᵉ jour	« Mes 2 bras deviennent mous et lourds » « Mes 2 bras sont de + en + lourds » « Mes 2 bras sont tout à fait lourds » « Je suis tout à fait calme »	Répéter chaque phrase 6x avant de passer à la suivante
4ᵉᵐᵉ jour	« Ma jambe droite devient molle et lourde » « Ma jambe droite devient de + en + lourde » « Ma jambe droite est tout à fait lourde » « Je suis tout à fait calme »	Répéter chaque phrase 6x avant de passer à la suivante
5ᵉᵐᵉ jour	« Ma jambe gauche devient molle et lourde » « Ma jambe gauche devient de + en + lourde » « Ma jambe gauche est tout à fait lourde »	Répéter chaque phrase 6x avant de passer à la suivante

	« Je suis tout à fait calme »	
6ème jour	« Mes 2 jambes deviennent molles et lourdes » « Mes 2 jambes deviennent de + en + lourdes » « Mes 2 jambes sont tout à fait lourdes » « Je suis tout à fait calme »	Répéter chaque phrase 6x avant de passer à la suivante
7ème jour	« Mes bras et mes jambes deviennent mous et lourds » « Mes bras et mes jambes deviennent de + en + lourds » « Mes bras et mes jambes sont tout à fait lourds » « Je suis tout à fait calme »	Répéter chaque phrase 6x avant de passer à la suivante

- Deuxième semaine : chaleur

1er jour	« Mon bras droit devient chaud » « Mon bras droit devient de + en + chaud » « Mon bras droit est tout à fait chaud » « Je suis tout à fait calme »	Répéter chaque phrase 6x avant de passer à la suivante
2ème jour	« Mon bras gauche devient chaud » « Mon bras gauche devient de + en + chaud » « Mon bras gauche est tout à fait chaud » « Je suis tout à fait calme »	Répéter chaque phrase 6x avant de passer à la suivante
3ème jour	« Mes 2 bras deviennent chauds » « Mes 2 bras sont de plus en plus chauds »	Répéter chaque phrase 6x avant de passer à la

	« Mes 2 bras sont tout à fait chauds » « Je suis tout à fait calme »	suivante
4ème jour	« Ma jambe droite devient chaude » « Ma jambe droite devient de + en + chaude » « Ma jambe droite est tout à fait chaude » « Je suis tout à fait calme »	Répéter chaque phrase 6x avant de passer à la suivante
5ème jour	« Ma jambe gauche devient chaude » « Ma jambe gauche devient de + en + chaude » « Ma jambe gauche est tout à fait chaude » « Je suis tout à fait calme »	Répéter chaque phrase 6x avant de passer à la suivante
6ème jour	« Mes 2 jambes deviennent chaudes » « Mes 2 jambes deviennent de + en + chaudes » « Mes 2 jambes sont tout à fait chaudes » « Je suis tout à fait calme »	Répéter chaque phrase 6x avant de passer à la suivante
7ème jour	« Mes bras et mes jambes deviennent chauds » « Mes bras et mes jambes deviennent de + en + chauds » « Mes bras et mes jambes sont tout à fait chauds » « Je suis tout à fait calme »	Répéter chaque phrase 6x avant de passer à la suivante

> Troisième semaine : cœur calme

1ᵉʳ jour	« Mes bras et mes jambes deviennent lourds et chauds » « Mes bras et mes jambes sont tout à fait lourds et chauds » « Une douce chaleur agréable se diffuse dans ma poitrine » « Mon cœur bat, calme et régulier » « Je me sens tout à fait calme »	Répéter chaque phrase 6x avant de passer à la suivante
2ᵉᵐᵉ jour	« Mes bras et mes jambes deviennent lourds et chauds » « Mes bras et mes jambes sont tout à fait lourds et chauds » « Une chaleur agréable se diffuse dans ma poitrine » « Mon cœur bat, calme et régulier » « Je me sens tout à fait calme »	Répéter chaque phrase 6x avant de passer à la suivante
3ᵉᵐᵉ jour	« Mes bras et mes jambes deviennent lourds et chauds » « Mes bras et mes jambes sont tout à fait lourds et chauds » « Une chaleur agréable se diffuse dans ma poitrine » « Mon cœur bat, calme et régulier » « Je me sens tout à fait calme »	Répéter chaque phrase 6x avant de passer à la suivante
4ᵉᵐᵉ jour	« Une chaleur agréable se diffuse dans ma poitrine » « Mon cœur bat, calme et régulier » « Je me sens tout à fait calme »	Répéter chaque phrase 6x avant de passer à la suivante

5ème jour	« Une chaleur agréable se diffuse dans ma poitrine » « Mon cœur bat, calme et régulier » « Je me sens tout à fait calme »	Répéter chaque phrase 6x avant de passer à la suivante
6ème jour	« Une chaleur agréable se diffuse dans ma poitrine » « Mon cœur bat, calme et régulier » « Je me sens tout à fait calme »	Répéter chaque phrase 6x et passer à la suivante
7ème jour	« Une chaleur agréable se diffuse dans ma poitrine » « Mon cœur bat, calme et régulier » « Je me sens tout à fait calme »	Répéter chaque phrase 6x avant de passer à la suivante

> ➢ Quatrième semaine : la respiration

Durant les 7 jours	« Mes bras et mes jambes deviennent lourds et chauds » « Mes bras et mes jambes deviennent de plus en plus lourds et chauds » « Mes bras et mes jambes sont complètement lourds et chauds » « Mon cœur bat, calme et régulier » « Je me sens tout à fait calme » « Ma respiration est tout à fait calme » « Tout mon corps respire » « Je suis toute respiration »	Répéter chaque phrase 2x avant de passer à la suivante

> Cinquième semaine :
> le plexus solaire

Durant les 7 jours	« Mes bras et mes jambes deviennent lourds et chauds » « Mes bras et mes jambes sont complètement lourds et chauds » « Mon cœur bat, calme et régulier » « Ma respiration est tout à fait calme » « Tout mon corps respire »	Répéter chaque phrase 2x avant de passer à la suivante
	« Mon ventre est souple et chaud »	Répéter la phrase 6x avant de passer à la suivante
	« Je me sens tout à fait calme »	Répéter 2x

> Sixième semaine :
> le front frais

Durant les 7 jours	« Mes bras et mes jambes deviennent lourds et chauds » « Mes bras et mes jambes sont complètement lourds et chauds » « Mon cœur bat, calme et régulier » « Ma respiration est tout à fait calme » « Tout mon corps respire » « Mon ventre est souple et chaud »	Répéter chaque phrase 2x avant de passer à la suivante

| | « Mon front est frais » | Répéter 6x , puis |
| | « Je me sens tout à fait calme » | Répéter 2x |

À la fin de chaque exercice, reprenez 2 grandes inspirations, ouvrez les yeux à votre rythme et étirez-vous en douceur.

Je vous suggère fortement, pour plus de confort, de vous enregistrer au préalable avec votre smartphone. Vous pourrez ainsi vous répéter votre exercice journalier en restant concentré sur les effets recherchés.
Vous pouvez également « visualiser » chaque étape, en imaginant par exemple votre bras dans une bassine d'eau chaude, ou votre visage devant un ventilateur. Soyez créatif !
Essayez de pratiquer les séquences d'entrainements deux fois chaque jour.

Lorsqu'on maîtrise bien la technique, il suffit souvent de se dire :

> « Mes bras et jambes lourds et chauds ; mon cœur et ma respiration calmes et réguliers ; mon ventre chaud ; mon front frais ; calme »

et l'on glisse dans l'état de relaxation.

Pour vous aider dans la pratique du training autogène, je vous propose encore en annexe quatre scripts pour vous inspirer.
Vous pouvez également vous les enregistrer tels quels ou les lire durant des séances de groupe.

*

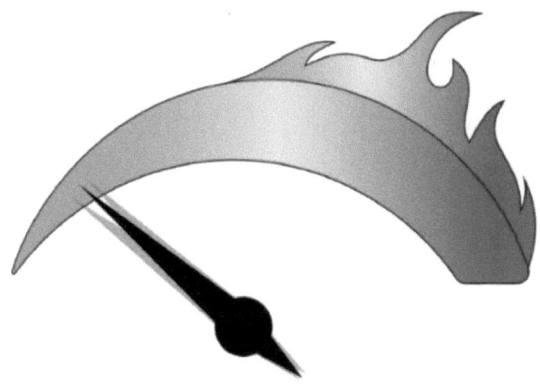

Conclusion

De nombreuses maladies graves sont directement corrélées au niveau de stress des individus.
Ce sera donc toujours important de savoir où nous en sommes et de pouvoir agir de manière efficace selon les besoins constatés.

Avec ce livre, vous vous êtes « armés » de façon à pouvoir intervenir au quotidien contre ces assauts toujours désagréables et parfois dangereux.
Pratiquez avec les outils que vous préférez afin d'en retirer facilement calme et confort.

Je suis ravi d'avoir apporté, grâce à ces pages, un peu de sérénité à votre vie.

                                              Philippe Korn

Annexes

Procédure de Paix Personnelle
Étude de cas

Une dame vient consulter à propos de sa peur de conduire, c'est son principal souci, au présent (le tronc de l'arbre, selon le schéma page 134).

Elle peut facilement comprendre que c'est une séquelle d'un accident de voiture qu'elle a vécu durant son enfance (passé, en amont : une racine). Elle se souvient d'ailleurs très bien des détails comme le bruit des freins ou les cris de sa maman durant l'accident.

Elle peut donc commencer ses rondes d'EFT sur « même si j'ai peur de conduire ... », « même si j'ai eu peur des cris de ma maman ... » et « même si ce bruit de freinage m'a effrayée... ».

Pendant qu'elle pratique, elle se souvient alors aussi de l'impact de la voiture qui tombe dans le fossé.
Elle peut donc l'ajouter sur sa liste et comme toujours lui donner une note de 0 à 10.

Elle prend alors conscience que sa peur de conduire développe en elle un manque de confiance en soi, la peur des autres conducteurs et un désintérêt pour les sorties.

Trois choses supplémentaires à ajouter à la liste (présent : tronc).

Elle a conscience aussi que cette peur la handicape dans sa carrière professionnelle et dans son rapport avec ses enfants qu'elle prive de certaines activités (présent/futur, en aval : les branches).

Pendant qu'elle travaille sur ces 2 nouveaux problèmes, elle réalise certains détails : son sommeil se dégrade, elle ne supporte plus son chef, elle s'énerve facilement contre ses enfants et évite de fréquenter les autres mamans du quartier.

Bref, elle culpabilise, trouve qu'elle est une mauvaise mère, qu'elle ne mérite pas d'aller mieux et elle pleure souvent car elle se déçoit.

Voilà comment on prend conscience en pratiquant l'EFT des aspects qui compliquent notre vie et notre chemin vers le mieux-être, mais avec tous ces éléments, le travail sera plus efficace et plus rapide en définitive.

Page suivante, vous allez trouver une représentation symbolique des soucis de cette personne.

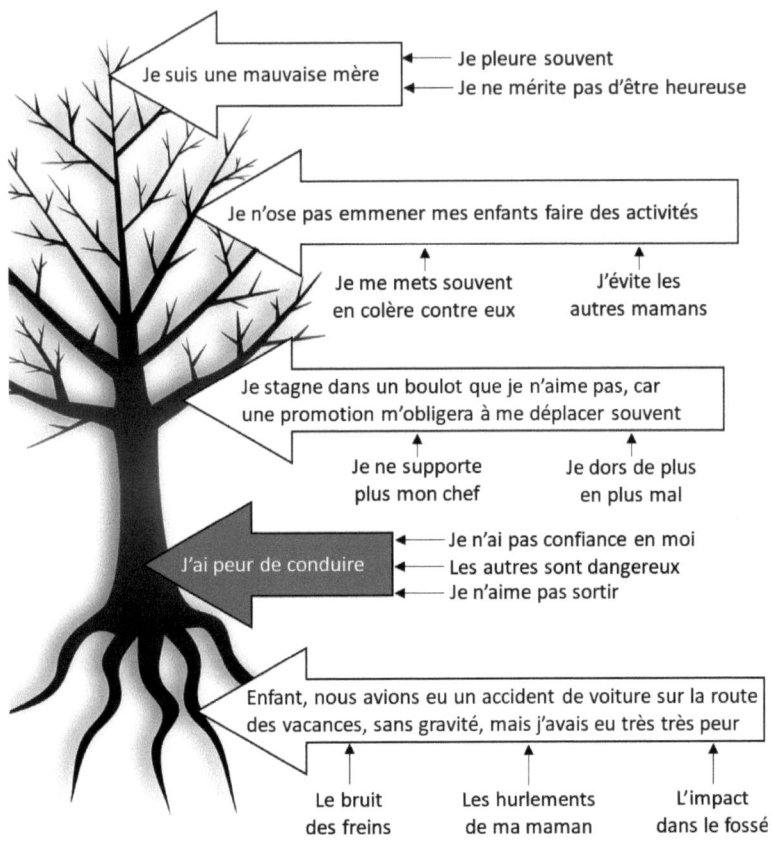

La liste que cette personne pourra rédiger va ressembler à ça :
- J'ai peur de conduire 8/10.
- J'ai peur de prendre le volant 7/10.
- Je n'ai pas confiance en moi 7/10.
- J'évite de sortir 5/10.
- J'ai peur des autres conducteurs 8/10.
- J'ai eu peur du choc quand la voiture s'est arrêtée dans le fossé 8/10.

- J'ai eu peur dans l'accident au retour des vacances 8/10.
- J'ai eu peur des cris de ma maman pendant l'accident 9/10.
- J'ai été effrayé par le crissement des pneus 7/10.
- J'ai été secoué par l'impact durant l'accident 8/10.
- Je n'évolue pas dans un travail où je m'ennuie 6/10.
- Mon chef m'exaspère 7/10.
- J'ai de plus en plus de mal à dormir 6/10.
- Je suis toujours fatiguée 5/10.
- Je dors mal 6/10.
- Je prive mes enfants d'activités 6/10.
- Je me marginalise dans le quartier 5/10.
- Je m'énerve facilement contre mes enfants 6/10.
- Je suis de plus en plus colérique 6/10.
- J'évite les contacts sociaux 5/10.
- Je souffre de ma solitude 6/10.
- Je prive mes enfants de leurs amis et de leurs grands-parents 7/10.
- Je suis une mauvaise mère 8/10.
- Je mérite ce qu'il m'arrive 8/10.
- J'ai des crises de larmes 7/10.
- J'ai des angoisses quand je pense à ma famille 8/10.

- J'ai peur de perdre l'amour de mes enfants et de mon mari 8/10.
- Etc.

Les séquences d'EFT commenceront par les scores les plus élevés, plusieurs répétitions seront sans doute nécessaires.
Réévaluer après chaque ronde les notes de 0 à 10. Au besoin, recommencer les jours suivants jusqu'à obtenir des scores satisfaisants (entre 0 et 2 maximum).
Si vous continuez à travailler sur un problème déjà amenuisé, vous pouvez affiner votre phrase « même si je dors encore un peu mal… » ou « même si j'ai encore quelques angoisses… »

Comme le montre le schéma de la page suivante, l'arbre sera « attaqué » de tous les côtés : tronc, racines, branches.

Grâce à vos efforts, il sera réduit à une simple souche, qui finira « à l'usure » comme un ridicule cure-dent, qu'il sera alors facile de jeter (c'est un gag bien sûr, mais vous avez saisi la métaphore).
Et de jours en jours, à tous points de vue, vous vous sentez de mieux en mieux.

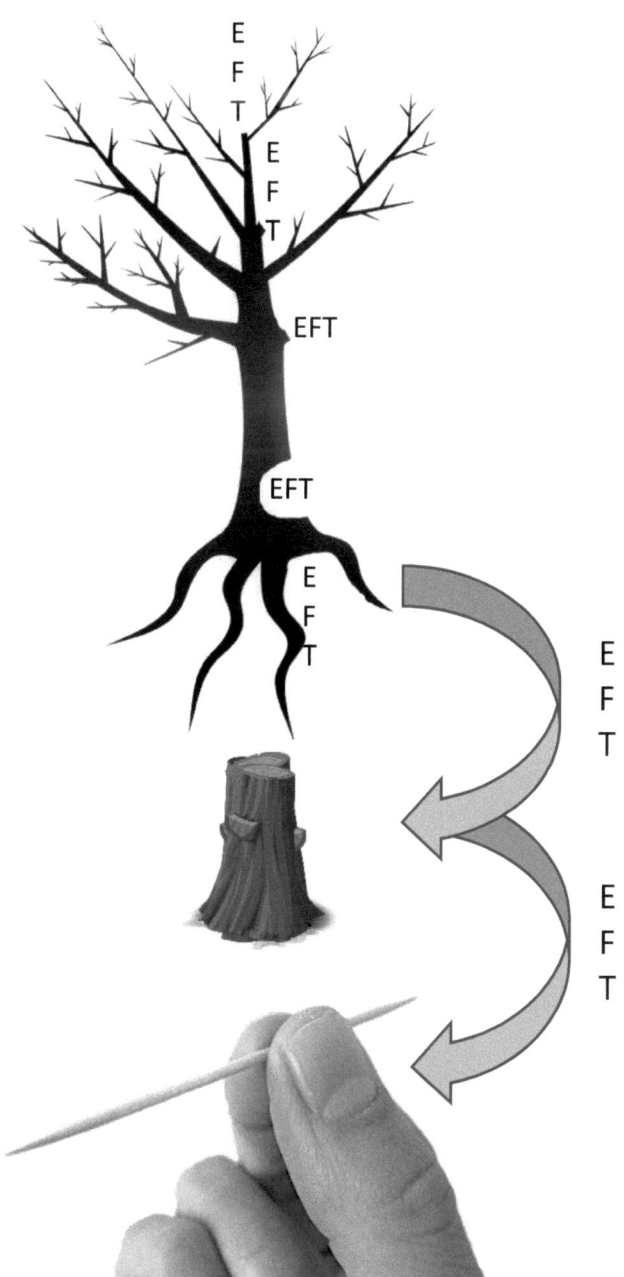

Training autogène
Scripts

Voici quatre scripts de longueurs et de styles variés.

Vous pourrez, avec un peu d'habitude, les moduler en fonction de vos préférences.

Commencez toujours par vous installer au calme, à l'écart des sollicitations extérieures.
Créez une ambiance tamisée et confortable.
Vous pouvez mettre une musique de relaxation à un volume discret.
Fermez les yeux, videz votre esprit, prenez deux grandes respirations, sans forcer.

Dans ces scripts, les « ... » indiquent une pause d'environ une seconde dans la lecture.
Lisez avec une voix douce et lente.

Les minutes qui précèdent le retour dans « l'ici et le maintenant » (phase de reprise) peuvent être utilisées pour méditer, répéter des affirmations positives[16] ou visualiser vos objectifs.

*

---
[16] Voir le chapitre « la méthode Coué »

1ᵉʳ script

Je suis bien installé, immobile.
Mon corps est inerte.
Mon front est lisse, je décontracte mes sourcils.
Je décontracte mon visage, je relâche mes tempes.
Je détends mes joues, je décrispe mes mâchoires, je desserre les dents...
Je laisse aller mon menton, ma bouche peut s'entrouvrir...
Tout mon visage se détend... encore plus.
J'observe mon visage, parfaitement... détendu.
Je décontracte mon cou...
Je laisse aller mes épaules, bien détendues...
Je relâche tous les muscles de mes bras, mes coudes, mes avant-bras...
Mes poignets, mes mains, tous les muscles de mes doigts... se détendent... complètement...
Mes deux bras sont parfaitement... dé-ten-dus...

Mon bras droit devient... lourd... mon bras droit est agréablement... lourd...
Mon bras droit devient... de plus en plus lourd... confortablement... lourd...
Mon gauche droit devient... lourd... mon bras gauche est agréablement... lourd...
Mon bras gauche devient... de plus en plus

lourd... confortablement... lourd...
Une pesanteur agréable se diffuse dans mes deux bras...
Je décontracte les muscles de ma nuque...
Je prends conscience du poids de ma tête, nuque parfaitement dé-ten-due...
Je prends conscience de ma respiration qui est devenue... calme... et régulière...
Je décontracte les muscles abdominaux, mon ventre est bien... détendu...
Je décontracte tous les muscles du dos.
Tous les muscles de mon dos... se relâchent.
C'est très agréable...
Et maintenant, je décontracte mes fessiers...
Mes hanches sont souples...
Je relâche tous les muscles de mes cuisses...
Mes genoux... se détendent...
Je relâche mes mollets...
Mes chevilles deviennent souples...
Je prends conscience de tout mon corps qui... se relâche...
Ma jambe droite est agréablement lourde, de plus en plus... lourde...
Ma jambe droite est confortablement... lourde...
Ma jambe gauche devient lourde, confortablement... lourde...
Ma jambe gauche est... de plus en plus... lourde...
Tout mon corps est lourd, d'une... lourdeur...

agréable...
Qui se diffuse dans tout mon corps...
Je suis... tout à fait... calme...

J'imagine un rayon de soleil sur ma main droite...
Ma main droite devient de plus en plus...
chaude... confortablement... chaude...
Un autre rayon de soleil vient réchauffer
agréablement ma main gauche...
Ma main gauche est de plus en plus... chaude...
agréablement... chaude...
Mes deux mains sont agréablement... chaudes...
confortablement... lourdes et chaudes.
Et je suis... de plus en plus calme.

Je prends conscience de mon cœur qui bat.
Mon cœur est fort, il bat... calmement...
régulièrement.
J'observe mon cœur qui bat... calmement...
régulièrement.
Je peux sentir mes artères pulser... calmement et
régulièrement.
Et je suis parfaitement... calme.

Je prends conscience de ma respiration... calme
et régulière.
Tout mon corps... respire.
Toutes mes cellules... respirent... calmement...

régulièrement.
Et je suis de plus en plus... détendu...

J'imagine un rayon de soleil qui réchauffe mon plexus solaire...
Il devient agréablement... chaud...
Cette chaleur agréable se diffuse dans tout mon corps.
Tout mon corps est agréablement... chaud.
Je suis totalement... calme... et détendu.
Tout mon corps est agréablement lourd et chaud.

Un léger vent frais vient rafraichir agréablement mon front.
Mon front est agréablement frais.

Et je suis calme... serein... dé-ten-du...
Parfaitement... relâché... décontracté...

(Après quelques minutes...)

Maintenant, je vais me préparer à terminer cette séance, pour revenir ici et maintenant, et reprendre le cours de cette journée...
Je vais respirer profondément...
Je peux doucement bouger mes doigts, mes pieds, m'étirer...
Et tout doucement, j'ouvre les yeux.

2ème script

Mon bras droit devient... lourd...
Mon bras est... agréablement lourd...
Mon bras droit devient... de plus en plus... lourd.
Une délicieuse... pesanteur... se diffuse dans tout mon bras...
Mon bras gauche devient... lourd.
Mon bras gauche est... de plus en plus... lourd...
Ma jambe droite est... lourde...
Ma jambe droite devient... agréablement lourde.
De plus en plus... lourde...
Ma jambe gauche devient lourde, confortablement... lourde...
Ma jambe gauche est... de plus en plus lourde...
Tout mon corps est... lourd...
D'une... lourdeur agréable... et rassurante...
Une délicieuse... pesanteur... se diffuse... dans tout mon corps...
Je suis tout à fait... calme...

J'imagine un rayon de soleil sur ma main droite.
Ma main droite... se réchauffe...
Elle devient... de plus en plus chaude...
Cette... agréable chaleur... se diffuse dans tout mon bras droit...
Un rayon de soleil vient aussi réchauffer ma main gauche.

Ma main gauche est... de plus en plus chaude.
Cette douce chaleur... se diffuse... dans tout mon bras gauche...
Mes deux bras sont... chauds...
De plus en plus... chauds...
Mes deux bras sont... lourds et chauds...

J'observe les battements réguliers de mon cœur.
Mon cœur est... fort... paisible...
Il bat... calmement... et régulièrement...
Tout mon corps vit au rythme de mon cœur... calme... et régulier...
Et je suis... parfaitement calme...

J'observe ma respiration... calme... et régulière...
Tout mon corps... respire... calmement et régulièrement...
Je suis... toute respiration.
Je suis de plus en plus... calme...
De plus en plus... dé-ten-du...

J'imagine maintenant un rayon de soleil qui réchauffe mon plexus.
Il devient agréablement... chaud...
Cette douce chaleur se diffuse... dans tout mon corps...
Tout mon corps est... agréablement chaud.
Je suis totalement dé-ten-du... calme... paisible...

Tout mon corps est agréablement lourd... et chaud...

Un souffle d'air caresse mon front...
Une légère brise... rafraîchit mon front...
Mon front est... agréablement frais...
Je suis calme... et détendu...

(Profitez quelques instants de cette détente, puis...)

Je suis parfaitement calme... et... détendu...
Et c'est ainsi que je vais, dans un instant, revenir ici... et maintenant...
Je prends une profonde respiration...
Je m'étire en douceur...
Et à mon rythme, je vais ouvrir les yeux.

3ᵉᵐᵉ script

Mon bras droit devient lourd... très lourd...

Mon bras gauche devient lourd... très lourd...

Ma jambe droite devient lourde... très lourde...

Ma jambe gauche devient lourde... très lourde...

Tout mon corps est devenu lourd... très lourd...

Le calme m'envahit pleinement... je peux complètement... me laisser aller...

Mon bras droit est chaud... très chaud...

Mon bras gauche est chaud... très chaud...

Ma jambe droite est chaude... très chaude...

Ma jambe gauche est chaude... très chaude...

Tout mon corps est... chaud... et lourd...très lourd...

Je suis... de plus en plus calme...

Je sens mon cœur qui bat... calme... et régulier...

Mon cœur bat régulièrement...

Mon cœur bat régulièrement... calme... et fort... (Répéter 3 fois)

Et toujours ce délicieux... calme... qui se diffuse dans tout mon corps...

J'observe ma respiration... calme... et régulière...
Ma respiration devient encore... plus lente et... plus calme...
Et toujours... ce calme... qui se diffuse en moi...

Mon plexus solaire est... agréablement chaud,
Tout mon ventre devient... chaud...
Et toujours... ce calme...

Un courant d'air frais caresse mon front...
Mon front est... agréablement... frais...
Et toujours ce calme... qui m'envahit totalement.

(Profitez de cette relaxation quelques instants...)

Prenez une grande inspiration, bougez les pieds, les mains, étirez-vous et en douceur, ouvrez les yeux.
Offrez-vous encore quelques minutes avant de reprendre vos activités.

4ᵉᵐᵉ script

Bras droit, bras gauche sont... lourds...
Bras et jambes sont... lourds...
Tout mon corps... est lourd...

Bras droit, bras gauche sont... chauds...
Bras et jambes sont... chauds...
Tout mon corps... est chaud...

Mon cœur bat, lentement... et avec force...
Mon cœur est calme... et régulier...

Ma respiration est tout à fait... calme...
Ma respiration est calme... et régulière...

Mon plexus solaire est... tout à fait chaud...

Mon front est agréablement frais...
Mon front est... frais...

Je suis totalement... calme... et détendu...

(Après un moment)

En douceur, à mon rythme, je reviens ici et maintenant... pour reprendre le cours de cette belle journée.

Photos libres de droits
Pixabay.com

Les schémas d'EFT
sont de l'auteur,
tous droits réservés

Sur internet :

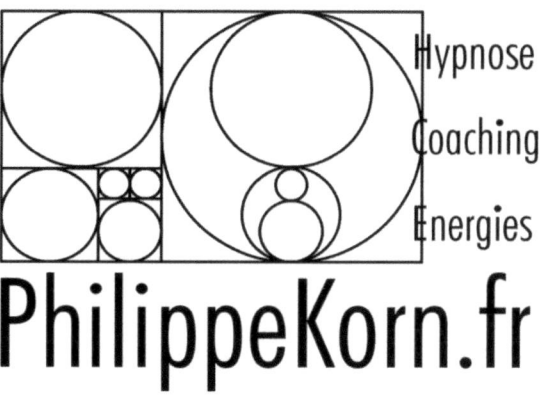

© 2022, Philippe Korn, 01170 Gex

ISBN 978-2-3223-7547-9

Édition : BoD – Books on Demand, info@bod.fr

Impression : BoD – Books on Demand,

In de Tarpen 42, Norderstedt (Allemagne)

Impression à la demande

Dépôt légal : mai 2022